POLYGLOTT on tour

Karibische Inseln

Robert Möginger

Special

Volle Segel – einsame Strände Seite 6
Turbulente Maskenparade Seite 8
Hideaways – kleine Hotels mit Charme Seite 10

Allgemeines

Jede Insel eine Welt **Seite 12**
Geschichte im Überblick **Seite 19**
Kultur gestern und heute **Seite 21**
Geschichte zum Schmecken **Seite 23**
Unterkunft **Seite 25**
Urlaub aktiv **Seite 26**
Reisewege und Verkehrsmittel **Seite 28**
Infos von A–Z **Seite 100**
Mini-Dolmetscher **Seite 102**
Register **Seite 104**
Die wichtigsten Sehenswürdigkeiten **Seite 108**

Inseln

Jamaika

Seite 30

Abseits der Traumstrände verlockt Jamaika, der Geschichte von Rum, Reggae und Rastafaris nachzuspüren.

Puerto Rico

Seite 41

Ob in San Juan, an der Luquillo Beach oder im indianischen Caguana: Puerto Rico vereint Kultur- und Naturelemente Nord- und Südamerikas.

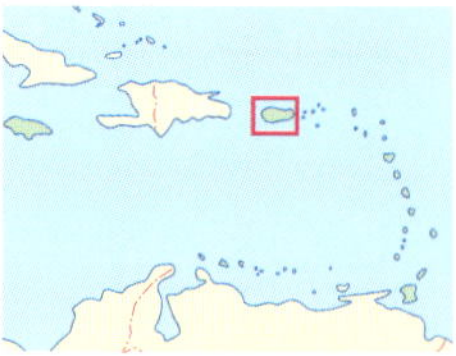

Virgin Islands — Seite 49

Eine Vielzahl von Kolonialmächten hinterließ ihre Spuren auf den Inselchen, die heute ideale Ziele zum Entspannen, Segeln und Einkaufen sind.

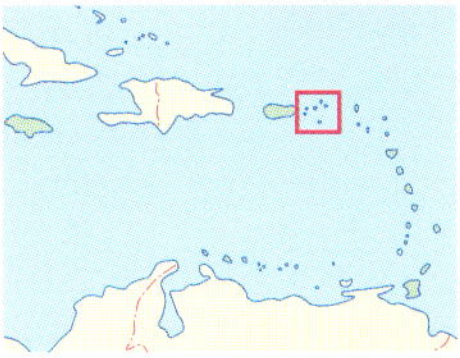

Leeward Islands — Seite 55

Anguilla, St. Martin, St-Barts, Saba, Statia, St. Kitts and Nevis, Montserrat: Jedes dieser Eilande zeigt bei näherem Hinsehen Charakter und Eigenleben.

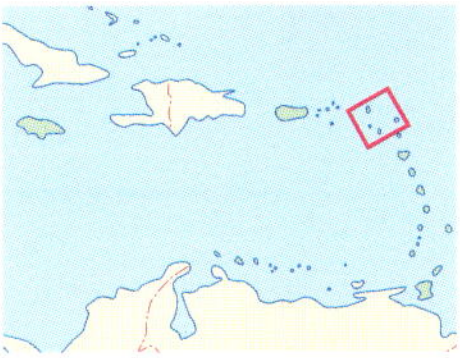

Antigua und Barbuda — Seite 64

Neben feinsten Badeplätzen bietet Antigua einen Hauch kolonialer Atmosphäre in English Harbour, wo einst Nelsons Flotte ankerte.

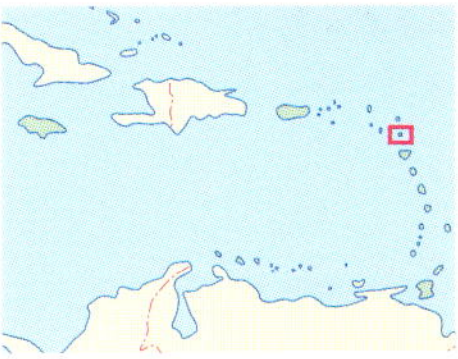

Guadeloupe und Martinique — Seite 67

Vor dem Hintergrund einer bezaubernden tropischen Landschaft erhalten hier Küche und Lebensart der »Grande Nation« eine karibische Note.

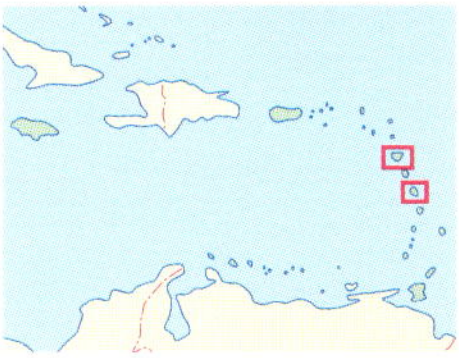

Windward Islands — Seite 74

Dominica, St. Lucia, St. Vincent, Grenada und die Grenadinen: eine Reise zu den letzten Kariben, durch Bergregenwälder und Gewürzplantagen.

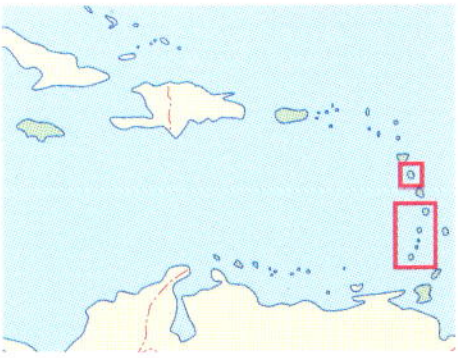

Barbados

Seite 86

Ein ausgeglichenes Sonnenklima, strahlend weiße Strände, alte Plantagenhäuser, grenzenlose Sport- und Unterhaltungsmöglichkeiten ...

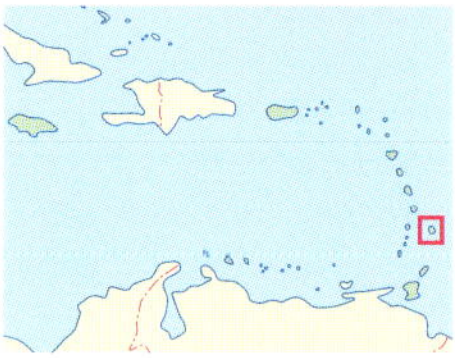

Trinidad und Tobago

Seite 92

Der Calypso gibt Trinidad Schwung, das bunte Völkergemisch die kosmopolitische Atmosphäre. Tobago dagegen pflegt seine geruhsame Idylle.

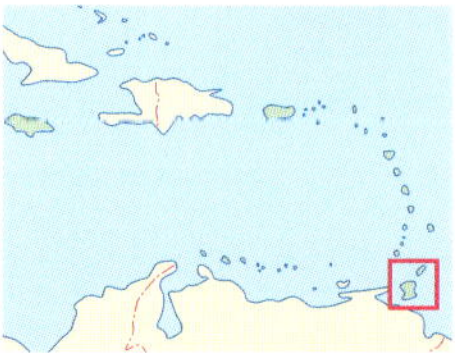

ABC-Inseln

Seite 95

Surfen, tauchen oder die Kugel im Kasino rollen lassen – Aruba, Curaçao und Bonaire ermöglichen alles.

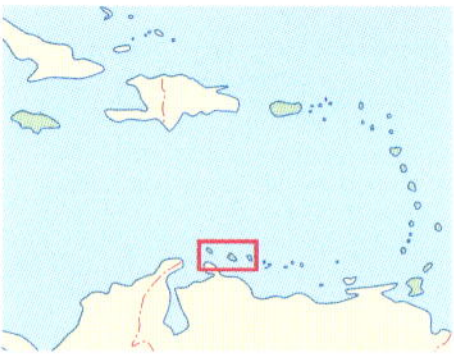

Rechts: Perfekte Erholung an einem perfekten Strand: Jost van Dyke (British Virgin Islands)

Bildnachweis

Reiner Ertl: 34-1, 34-2, 38, 39, 84-1; Gerold Jung: 1, 24, 27, 50, 52-2, 62-1, 62-2, 69, 70, 71, 80, 96, 98, 99, Umschlagrückseite (oben); laif/Gernot Huber: 7, 9, 17, 84-2; Sabine von Loeffelholz: 10/11 (Fond); Robert Möginger: 52-1, 75, 83, 89, 90-2; Hannes Mühldorfer: 6, 6/7 (Fond); Martin Rosefeldt: 8, 8/9 (Fond), 10, 29, 31, 44, 64, 66-1, 76, 79; Klaus Thiele: 15, 73; Martin Thomas: 11, 18, 59; via/Trudie Trox: 2-1, 2-2, 5, 21, 22, 33, 35, 40, 43, 48, 54, 55, 56, 57, 66-2, 90-1, Umschlagrückseite (unten); Titelbild: LOOK/ B. Limberger

Volle Segel – einsame Strände

Inselhüpfen per Segeljacht – ein Urlaubstraum, ebenso unbezahlbar wie unerreichbar? Keineswegs. Denn bei näherem Hinsehen erweist sich der vermeintliche Luxustrip oft als regelrechtes Schnäppchen: Yachties, wie sich passionierte Segeltouristen selbst gerne nennen, sparen sich schließlich nicht nur die oft sündteuren Hotelzimmer an Land, sondern auch noch die innerkaribischen Flugtickets. Und das Beste dabei: Die schönsten Strände der Karibik haben Jachtreisende immer direkt vor der Haustür.

Boote, Preise, Ausrüstung

Koje, Bareboat, Flottille: Wem für die eigene Jacht das nötige Kleingeld fehlt, der kann auch Boote mit *(Crew-Charter)* und ohne Skipper *(bareboat)* chartern. In der Hochsaison kostet ein Schiff von 30 Fuß Länge zwischen 1300 bis 2000 € pro Woche, nach Ostern fallen die Preise deutlich. Beim *Kojencharter* schließt man sich als »Hilfsmatrose« einem Törn an; für eine 14-tägige Tour rechnet man um die € 1000 p. P. Wer selbst segeln kann, aber die Sicherheit eines geführten Törns nicht missen möchte, ist in der *Flottille* gut aufgehoben.
Nautische Vorkenntnisse: Bei Bareboat-Charter Pflicht, ansonsten nicht erforderlich. Der erfahrene Skipper ist Kapitän, Reiseleiter und Segellehrer in Personalunion – die Passagiere wachsen mit ihren Aufgaben. Wer genug Zeit und Ehrgeiz mitbringt, kann unterwegs sogar einen Segel- oder Tauchschein machen.
Ausrüstung: Bootsschuhe mit rutschfester Sohle sind Pflicht, Bettwäsche und Küchenhandtücher bringt man in der Regel ebenfalls selbst mit.
Extras: Der Kojenpreis enthält die Skipperdienste, Anreise und Bordkasse allerdings nicht. Aus der Bordkasse werden Verpflegung, Treibstoff, Gas, Müllentsorgung, Hafen- und Zollgebühren (pro Person ca. € 25/Tag) beglichen. Wer nicht kochen mag, heuert für rund 70 US$/Tag einen eigenen Smutje an.

Reviere und Treffpunkte

Leeward Islands: English Harbour (Antigua) gilt als einer der klassischen Ankerplätze der internationalen Yachtie-Gemeinde; das Ambiente ist freundlich und leger. Während der Sailing-Week-Regatta (Mitte April) herrscht ausgelassene Partystimmung.

British Virgin Islands: Ruhiges, idyllisches Revier mit überschaubaren Etappen, ideale Bedingungen also für weniger erfahrene Bareboat-Kapitäne. Der Yachtie-Treff schlechthin: The Bitter End Resort & Yacht Club, North Sound (Tortola), Tel. 494-2745, Fax 494-4756.

Grenadinen: So exklusiv Bequia und Mustique an Land auch sein mögen, die Inselwelt zwischen St. Vincent und Grenada ist eines der populärsten Reviere. Herrliche Strände und kurze Distanzen sorgen für viel Abwechslung; die urige Easter Regatta vor Bequia ist der ultimative Beweis, dass Segeln kein elitärer Sport sein muss.

Windward Islands: Navigatorisch anspruchsvoll, landschaftlich äußerst lohnend sind die smaragdgrünen Regenwaldbuchten vor Dominica, Martinique und St.Lucia. Die schönsten Häfen: Marigot Bay (St. Lucia), Prince Rupert Bay (Dominica) und Fort de France (Martinique).

Veranstalter

Agentur für Mitsegler, Frühlingstr. 4, 82178 Puchheim, Tel. (0 89) 74 57 62 62 oder (0172) 8 50 13 45, Fax 74 57 62 63. Der Experte für Kojencharter.

Glab Yachting & Team, Willi-Messerschmitt-Str. 26, 73457 Esslingen, Tel. (0 73 65) 91 96 13, Fax 91 96 14, www.glab-yachting.de. Die Hausjacht »Carpe Diem« für bis zu 10 Passagiere kreuzt zwischen Dezember und März in karibischen Gewässern.

B&R Yachting, Hauptstr. 70, 12159 Berlin, Tel. (0 30) 8 59 25 21, Fax 85 96 44 44, www.bur-yachting.de. Bareboat- und Kojencharter; Schwerpunkt: Martinique und die Windward Islands.

CatSail, Parkstr. 3, 79232 March, Tel. (0 76 65) 9 58 42, Fax 4 02 11, www.cat-sail.de. Spezialität: Hochseekatamarane.

Logemann Yachtcharter, Georg-Gröning-Str. 22, 28209 Bremen, Tel. (04 21) 3 46 96 50, Fax 3 46 90 32, www.logemann-yachting.de. Von der Jolle bis zur 60-Meter-Jacht, auch Schulungstörns.

KH+P Yachtcharter, Ludwigstr. 112, 70197 Stuttgart, Tel. (07 11) 63 82 82, Fax 6 36 57 09, www.khp-yachtcharter.de. Interessante Pauschalangebote, u. a. zur Antigua Sailing Week (s.o.).

Allgemeine Info: **Vereinigung Deutscher Yachtcharterunternehmen,** Gunther-Plüschow-Str. 8, 50829 Köln, Tel. (02 21) 59 57 10.

Verglichen mit manchem karibischen Karneval muss die »närrische Zeit« in Europa etwa so zügellos erscheinen wie die Aktionärsversammlung einer Schweizer Großbank: Die Festtage auf Barbados, Martinique, St. Lucia und vor allem auf Trinidad sind wahre Orgien der Farbe und des Rhythmus. Mitmachen ist ausdrücklich erwünscht – entweder spontan im turbulenten Straßenkarneval oder gegen Kostenbeteiligung in einer der örtlichen Karnevalsgruppen.

Tipp **Früh buchen!** Flüge und Hotels sind zum Karneval überall rasch voll.

Turbulente Maskenparade

Trinidad

Karneval-Marathon im Stil von Rio de Janeiro: Bereits ab Mitte Januar läuft das Warm-Up in den **Mas Camps,** den Hochburgen der konkurrierenden Kostüm- und Tanzgruppen. Danach jagt ein Höhepunkt den nächsten: Bei den **Panorama Finals** am Freitag vor Aschermittwoch kämpfen bis zu 130 Mann starke Steelbands um den Titel der »Band of the Year«. Am Samstag wird der Sänger des Jahres zum **Calypso Monarch** gekürt, am Sonntag das spektakulärste Einzelkostüm. Der Straßenkarneval erlebt ab Rosenmontag, dem **Jour Ouvert,** um 2 Uhr nachts seine Sternstunde. Der Dienstag gehört den **Mas Bands,** den Großgruppen, die bis Mitternacht zuerst durch den Grand Stand an der Queen's Park Savannah und am Ende durch ganz Port of Spain paradieren.

Info und Reservierung für den Grand Stand (Tagestickets ab 10 US$):
▮ **The National Carnival Commission,** Queen's Park Savannah, Port of Spain, Tel. (001-868) 627-1350, Fax 623-1391, www.trinbagocarnival.com.

Barbados

Das **Crop Over Festival,** einst ein Erntedankfest, mausert sich zum Mega-Event: Gefeiert wird von Mitte Juli bis zum grandiosen **Kadooment Day** am ersten Montag im August; die Höhepunkte bilden die Kostüm- und Calypso-Wettbewerbe (Pic-O-de-Crop Finals) im National Stadium von Brigdetown (Tageskarten ab 15 $). Der Straßenkarneval findet am letzten Wochenende am Spring Garden Highway nahe der Hauptstadt statt. Info www.barbados.org/cropclnd.htm oder beim Verkehrsamt (s. S. 86).

▮ Auch der **Antigua Carnival** in der Inselhauptstadt St. John's (Ende Juli bis erster Di im August) wird Jahr für Jahr attraktiver. Info: **Antigua Carnival Committee,** High St., St. John's, Tel. (001268) 462-0194 und www.antiguacarnival.com.

St. Kitts & Nevis

Auf St. Kitts fällt der Karneval mit den Silvesterfeierlichkeiten zusammen und mündet in eine turbulente **street jam** in Basseterre. Eher einer afro-karibischen Kunst- und Kulturolympiade ähnelt der Karneval auf Nevis, auch **Culturama** genannt (Ende Juli bis Anfang August): Im Mittelpunkt stehen Calypso-Wettbewerbe, aber auch Konzert, Theater und Tanz. Info **Culturama Secretary,** Nevis Cotton Mall, Charlestown, Tel. (001869) 469-1992, www.nevisculturama.net.

Martinique / Guadeloupe

Beim franko-karibischen **Mardi Gras**, der sich wie in Europa auf das Wochenende vor Aschermittwoch konzentriert, stehen Privatpartys und spontaner Straßenkarneval im Mittelpunkt des Geschehens. Besonders ausgelassen wird es am Faschingsdienstag, wenn schwarz-rot kostümierte »Teufel« den Tod des Karnevalskönigs Vaval beklagen. Info bei den Verkehrsämtern (s. S. 71).

Nicht zuletzt der Touristen wegen verlegte die Inselregierung von **St. Lucia** den Karneval 2000 erstmals in die schwächere Sommersaison. Die Paraden und Calypso-Wettbewerbe Mitte Juli lohnen einen Abstecher nach Castries. Info beim Verkehrsamt (s. S. 78).

St. Vincent

Vincy Mas nennt sich hier der 10-tägige Karneval von Ende Juni bis Anfang Juli; zu den Höhepunkten zählen Steelband- und Calypso-Konkurrenzen sowie die Wahl zur Miss Carnival. Info: **The Carnival Development Committee,** Victoria Park, Kingstown, St Vincent, Tel. (784) 457 2580, www.svgtourism.com/carnival.htm.

Tipp **Dominica:** Vielleicht der spontanste und ursprünglichste Karneval der Karibik. Ein Muss: die wilde Straßenfete am Rosenmontag in der Hauptstadt Roseau. Info www.masdomnik.com.

Hideaways – kleine Hotels mit Charme

Kein Zweifel: Wer möglichst viel Geld in kürzester Zeit loswerden möchte, ist bei karibischen Edelhoteliers immer in guten Händen. Die meisten Häuser der gehobenen Kategorie hinterlassen bei aller Professionalität jedoch oft einen faden Beigeschmack, denn sie gleichen einander wie ein Ei dem anderen. Aber es gibt sie noch, die kleinen Hotels mit regionalem Charakter und persönlichem Stil.

Kolonialer Charme

Wohnen wie die Plantagenfürsten: ein Traum, der sich auf vielen historischen Great Houses verwirklichen lässt, allerdings in der Regel nicht in Strandnähe. Die Anmietung eines Autos empfiehlt sich.

- **Puerto Rico:** El Convento, 100 Cristo Street, Tel. (001787) 723-9020, Fax 721-2877. www.elconvento.com. Im Herzen von Old San Juan, ehemaliges Karmeliterkloster, herrlicher spanischer Patio, moderne Ausstattung. ❍❍❍
- **Antigua:** Admiral's Inn, English Harbour, Tel. (001268) 460-1027, Fax 460-1534. Liebevoll restauriertes Hafengebäude aus dem 17. Jh.; 14 Zimmer im altenglischen Stil. ❍❍
- **Nevis:** Ottley's Plantation Inn, Tel. (001869) 465-7234, Fax 465-4760, www.ottleys.com. Plantagenhaus von 1832, die 24 Zimmer sind prächtig möbliert. ❍❍❍
- **Martinique:** Habitation Lagrange, Le Marigot, Tel. (00596) 536060, Fax 535058, www.habitation-lagrange.com. Am tropischen Regenwald gelegen, wunderschöner Park, 15 luxuriöse Zimmer, Pool. ❍❍❍
- **Grenada:** Betty Mascoll's Morne Fendue Plantation House, Tel. (001473) 442-9330. Einsamer Aussichtsposten über der Nordküste, einfache, luftige Zimmer. ❍

Guesthouses

Wer auf das Budget achten muss und gleichzeitig Familienanschluss sucht, liegt in privaten Guesthouses genau richtig:

Jamaica: Holiday Home, Port Antonio, Tel. (001876) 993-2425. Freundliches Holzhaus im georgianischen Stil, Holzveranda, saubere Zimmer. ❍
Weitere Privatadressen in Port Antonio unter www.go-jam.com.

Saba: El Momo Cottages, Booby Hill, Tel./Fax (00599) 41-62265, www.elmomo.com. In herrlicher Hanglage über dem Meer, unter deutscher Leitung. ❍

St.Lucia: The Inn on the Bay, Marigot Bay, Tel. (001758) 451-4260, www.saint-lucia.com. Paradeblick über die Bucht von Marigot, 4 großzügige Zimmer, freundlich. ❍❍

Barbados: Sea-U-Guesthouse, Bathsheba, Tel. (001246) 433-9450, Fax 433-9210. Idyllische Lage an der wenig besuchten Atlantikküste; alles aus Tropenholz, Hängematten und feine Insel-Küche, unter deutscher Leitung. ❍❍

St. Vincent: Casa de Columbus, Indian Bay Beach, Tel. (001784) 458-4001, E-Mail arnim@caribsurf.com. Familiäres Strandhotel, Appartements mit Küche, preiswert. ❍

Trinidad: Pax Guesthouse, Tunapuna, Tel./Fax (001868) 662-4084. Ehemalige Benediktiner-Abtei, fernab allen Trubels, ideal für Naturliebhaber. ❍❍

Öko-Hotels: Natur pur

Jamaica: I-tal Village, Rodney Hall, Portland, Tel. (001867) 913-0917, www.italvillage.com. Edel-rustikales Guesthouse, 5 Zimmer, vegetarische Rasta-Küche, interessante Touren. ❍

US Virgins: The Inn at Tamarind Court, St. John, Tel. (001340) 776-6378, Fax 776-6722. www.tamarindcourt.com. Praktisches kleines Hotel auf der ruhigen Nationalparkinsel St. John. ❍❍

Dominica: Zandoli Inn, Roche Cassée, Stowe, Tel. (001767) 446-3161, Fax 446-3344, www.zandoli.com. Stilvolle Zimmer mit Blick auf Martinique, Tourenprogramm. ❍❍

St. Lucia: La Panache, Gros Islet, Tel. (001758) 450-0765, Fax 450-0453. Appartements in gepflegtem Garten, Wanderungen und lohnende Naturführungen an der Atlantikküste. ❍

Grenada: La Segesse Nature Centre, St. David's, Tel./Fax (001473) 444-6458. Ehemaliges Plantagenhaus an der einsamen Südküste, schöner Sandstrand, gutes Restaurant, Ausflüge. ❍❍

Trinidad: Asa Wright Nature Centre & Lodge, Arima, Tel./Fax (001868) 667-4655, www.asawright.org. Mitten im Urwald der Northern Range gelegen; Vogelbeobachtung, einfache Zimmer, biologische Führungen. ❍❍

Tobago: Footprints Eco Resort, Culloden Bay, Tel. (001868) 660-0118, Fax 660-0027, www.footprintseco-resort.com. 2 Villas und 4 Studio-Appartements in privatem Naturpark, edel bis rustikal, harmonische Öko-Bauweise. ❍❍❍

Jede Insel eine Welt

Eine Hand voll lupenreiner Edelsteine, mit elegantem Schwung im weiten Blau des Meeres ausgestreut – so mögen die karibischen Inseln beim flüchtigen Blick auf den Atlas zunächst erscheinen. Erst aus der Nähe beginnen sie bunt zu schillern: Jedes Juwel ein Unikat, unverwechselbar und nie ganz frei von charakteristischen Fehlern.

Ohne Beispiel bleibt die Vielfalt auf engstem Raum: tropische Wälder in Jamaika oder Dominica, Kakteenwüste auf Aruba. Nachkommen afrikanischer Yorouba und kolonialer Haudegen, dazu Glücksritter aus allen Erdteilen. Politischer Einfluss von beiderseits des Atlantiks; Wirtschaft zwischen Zuckerrohr, Tourismus und Hochfinanz. Die Inseln der Karibik sind wie Welten für sich.

Lage

»Das Mittelmeer Amerikas« – so wird die Karibische See bisweilen genannt. Der ausladende, fast 3500 km messende Bogen der Antillen von Kuba bis

Aruba verbindet die Subkontinente Nord- und Südamerika und schirmt die ruhigeren Gewässer im Westen von den rauen Wogen des Atlantiks ab. Bezieht man den Begriff »Karibik« üblicherweise nur auf die Inseln selbst, so schließt die Region im weiteren Sinn auch die Küsten der lateinamerikanischen Anrainerstaaten mit ein.

Um die Vielzahl der Antillen geografisch zu untergliedern, ersannen die Kolonisatoren für die einzelnen Segmente des Inselbogens eine teilweise verwirrende Namensgebung im Seemannsjargon. Zu den Großen Antillen (Greater Antilles) zählen Kuba, Jamaika, Hispaniola und Puerto Rico. Die sich südöstlich anschließenden Kleinen Antillen (Lesser Antilles) umfassen die Gruppe der Leeward Islands (Virgin Islands bis Guadeloupe) sowie die Windward Islands (Dominica bis Trinidad). Leeward und Windward Islands bilden die »Inseln über dem Wind«, während Aruba, Bonaire, Curaçao (»ABC-Inseln«) und die venezolanischen Eilande die »Inseln unter dem Wind«. Eine eigene geografische Einheit stellen die Bahamas mit den Turks and Caicos Islands dar. Vor allem im englischsprachigen Raum fasst man diesen Archipel häufig mit den Antillen unter dem Begriff West Indies (Westindische Inseln) zusammen. Dieser geht noch auf Kolumbus' irrige Annahme zurück, die Inseln seien ein Teil Indiens.

Landschaft

Viele Inseln haben einen ausgesprochen gebirgigen Charakter. Geologen sehen in den bis über 2500 m hohen Gipfeln der Großen Antillen Überbleibsel der versunkenen Karibischen Anden, die vor 50 Mio. Jahren eine durchgehende Landbrücke zwischen Nord- und Südamerika bildeten. Vorwiegend vulkanische Aktivität ließ dagegen die bis 2000 m hohen Berge der Kleinen Antillen aus dem Meer emporwachsen. Aus Korallenkalk bestehen die meisten Inseln der Bahamas, während unter den Antillen nur Barbados, Barbuda und Anguilla diese Struktur aufweisen.

Bezeichnend für die karibischen Landschaften ist ihre Vielfalt. Während die raue Atlantikbrandung die Ostküsten stark zerklüftet, säumen Kilometer um Kilometer bildschöne und feinsandige Palmenstrände die geschützten Westküsten. Besonders attraktive Bade- und Tauchplätze findet man dort, wo Korallenbänke (z. B. Barbados, Tobago, Bonaire) im flachen Wasser die typischen Farbschattierungen zwischen Türkis und Tintenblau entstehen lassen. Schluchten und üppig bewachsene Täler prägen das Innere vieler Inseln. Zu den Höhepunkten einer Karibikreise zählen Wanderungen durch tropischen Regenwald, vor allem auf den Kleinen Antillen vulkanischen Ursprungs.

Klima

Ein erfreuliches Kapitel: Das Klima auf den Antillen ist tropisch warm und sehr ausgewogen. Die durchschnittlichen **Temperaturen** betragen ganzjährig angenehme 25–30 °C. Auch nachts sinkt das Thermometer kaum unter 20 °C. Die wichtigsten Zutaten in der karibischen Wetterküche sind die atlantischen Passatwinde (engl. *trade winds*). Sie bringen in der feuchten Jahreszeit Regenwolken und sorgen während der Mittagshitze mit einer frischen Brise für Kühlung. Den Passatwinden verdanken die Kleinen Antillen auch ihre Einteilung in »Inseln über dem Wind« und »Inseln unter dem Wind« (s. S. 12). Während es auf den nördlichen Antillen fast permanent kräftig bläst, kann auf den Inseln nahe der venezolanischen Küste tagelang Windstille herrschen.

Reisezeit

Das für die tropische Klimazone typische Wechselspiel zwischen Regen- und **Trockenzeit** bedingt auf den Inseln eine Unterscheidung in Haupt- und Nebensaison. Während der Monate November bis April bleibt der Him-

Klima und Reisezeit

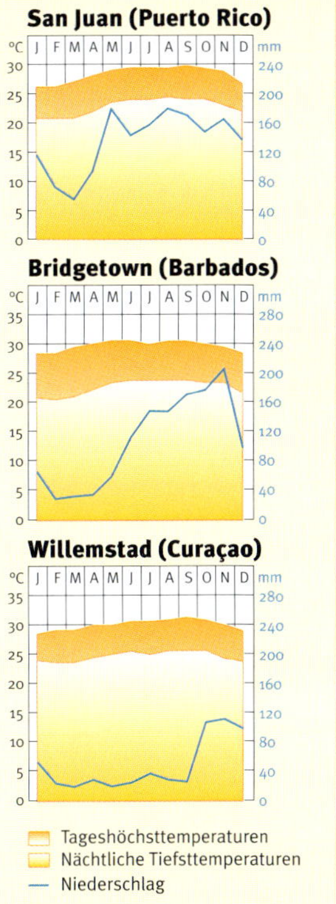

mel fast ständig strahlend blau. Für die Sonnengarantie müssen Besucher jedoch tiefer in die Tasche greifen. Das Preisniveau erreicht im Dezember und Januar dank der enormen Nachfrage durch amerikanische Gäste absolute Spitzenwerte; Flüge und Hotels sind dann oft ausgebucht. Um bis zu 50% günstiger und vergleichsweise ruhig gestaltet sich der Aufenthalt in den feuchteren Monaten Mai bis Oktober.

Durch die westindische **Regenzeit** muss sich niemand von Reiseplänen abhalten lassen. Tagelange Dauergüsse sind selten, meist bricht nach wenigen Stunden wieder die Sonne durch; außerdem ist die tropische Dusche stets angenehm temperiert. Nur auf bergigen, dicht bewaldeten Inseln nehmen die Niederschläge manchmal sintflutartige Ausmaße an, sodass man längere Wanderungen besser für die Trockenzeit plant. Ohnehin können sportliche Aktivitäten aufgrund erhöhter Luftfeuchtigkeit in den regenreichen Monaten recht anstrengend sein. Dennoch sollte die Wirkung der Sonne nicht unterschätzt werden. Selbst bei bedecktem Himmel kann man sich noch einen schlimmen Sonnenbrand zuziehen. Zum Baden ist jede Jahreszeit recht: Die Wassertemperatur an den Küsten fällt niemals unter 20 °C.

Hurrikane – Schatten über dem Paradies

Das karibische Wetter wäre perfekt, gäbe es nicht solch finstere Gestalten wie Hugo, David oder Andrew. Tropische Wirbelstürme, von den Indianern *huracán* genannt und von Meteorologen gerne mit harmlos klingenden Vornamen belegt, stellen während der *Hurricane Season* August bis September eine ständige Bedrohung dar.

Die Stürme entstehen, wenn sich im tropischen Spätsommer der Atlantik an seiner Oberfläche bis auf fast 30 °C aufheizt. Die Luft darüber reichert sich dann mit Wasserdampf an. Die Thermik treibt die Luftmassen in die Höhe, wobei die Feuchtigkeit in bis zu 15 km hohen Wolkentürmen kondensiert. Durch das Temperaturgefälle zwischen den Luftschichten entsteht ein Sog, der immer mehr feuchtheiße Luftmassen in immer rasenderem Tempo spiralförmig nach oben treibt. Der ausgewachsene Hurrikan erreicht einen Durchmesser von bis zu 700 km. Rund um das windstille 20 km große »Auge« des Hurrikans toben Stürme mit Geschwindigkeiten von 300 km pro Stunde.

»David«, der 1979 Dominica heimsuchte, hinterließ eine Spur der Verwüstung durch Sturm, Regen und Flutwellen. Die Bilanz: 37 Tote und 60 000 Obdachlose. Im Jahr darauf walzte Hurrikan »Allen« alles nieder, was bis dahin mühevoll wieder aufgebaut worden war. Apokalyptische Verwüstungen richtete 1998 »Mitch« in Honduras und Nicaragua an, wo rund 12 000 Todesopfer und 1 Mio. Obdachlose zu beklagen waren. Aufhalten kann die Zyklone bislang nichts, das Warnsystem für den karibischen Raum ist jedoch inzwischen gut entwickelt und es stehen auf allen Inseln Schutzräume *(Hurricane Shelters)* bereit. Alles über Hurrikane steht unter www.hurricanehunters.com.

Natur und Umwelt

Flora

Von einem »Paradies auf Erden« sprach Kolumbus, als er dem spanischen Hof von den Inseln »westlich Indiens« berichtete – immergrüne Regenwälder, intakte Ökosysteme und nur wenige Bewohner, die weitestgehend im Einklang mit der Natur lebten. Die Europäer änderten dies schnell und gründlich. Zugunsten gewinnträchtiger Monokulturen (vor allem Zuckerrohr) wurde gerodet, bis von den dichten Wäldern bald lediglich schüttere Reste übrig waren.

In Naturreservaten und entlegenen Bergregionen im Inneren einiger Inseln (z. B. auf Guadeloupe, Dominica, Puerto Rico, und Jamaika) gewinnt der Besucher trotzdem noch einen Eindruck vom fast vergangenen Reichtum. Typische Regenwaldpflanzen sind beispielsweise die bis zu 50 m hohen Mahagoni- und Kapokbäume, farbenprächtige Ananasgewächse (Bromelien), Orchideen und baumhohe Farnarten. In trockenen Gebieten wie auf den ABC-Inseln bestimmen Kakteen und lichter Buschwald die Vegetation.

Gegen die wuchernde Pracht im tropischen Originalformat wirken die Ableger auf dem heimischen Fensterbrett wie kümmerliche Setzlinge: Hibiskus, Philodendron, Flamingoblume und Roter Ingwer entfalten erst in karibischem Idealklima (vor allem während der Regenzeit) ihre volle Schönheit. Besonders eindrucksvoll sind zwischen April und August die feuerroten Blüten des allgegenwärtigen Flamboyant (auch Poinciana; lat. *Delonix regia*). Palmen, unverzichtbarer Hintergrund für jedes stimmungsvolle Prospektfoto, gedeihen ebenfalls fast überall. Königs- und Kohlpalme sind im karibischen Raum

Urwaldpflanze »Baum der Reisenden«

beheimatet, während die Kokosnusslieferanten aus Asien eingebürgert wurden.

Fauna

Gartenlandschaften ganz anderer Art bilden die **Korallenriffe** des Karibischen Meeres, wahre unterseeische Gebirge. Bevölkert werden die bizarren Gebilde in Blumenkohl-, Fächer- oder Pilzform von farbenfrohem Meeresgetier wie Seeanemonen, Schwämmen, Quallen, Krebsen und Schwärmen exotischer Fische. Vielerorts stark gefährdet sind die empfindlichen Korallenbänke durch Wasserverschmutzung und »Sporttaucher«, die gedankenlos Anker werfen oder sich Souvenirs aus dem Kalk herausbrechen. Einige Inselregierungen schützen ihre Riffe inzwischen als Unterwasserparks (u. a. Bonaire, Curaçao, Saba, St. Croix, Cayman Islands).

Nicht ganz so variantenreich wie unter Wasser ist die Fauna an Land. Nur kleinere **Säugetiere** wie Hasen, Waschbären und Fledermäuse sind auf allen Inseln zu Hause. Affen bekommt man selten zu Gesicht, am ehesten noch die Grüne Meerkatze (z. B. auf Barbados). Extrem vielfältig ist hingegen die **Vogelwelt.** Kolibris und zahlreiche endemische Papageienarten bevölkern besonders die waldreicheren Antillen. In Strandnähe demonstrieren Fregattvögel und Pelikane ihr Geschick bei der Fischjagd. Zum morgendlichen Amüsement von Hotelgästen trägt gerne der spatzengroße, gelb-schwarze Zuckervogel (engl. *Bananaquit*) bei, wenn er sich recht ungeniert aus den Zuckerdosen des Frühstückstisches bedient.

Auch in der Karibik nimmt die Zahl der großen **Meeresschildkröten** bedrohlich ab, denn zu ihren bevorzugten Eiablageplätzen zählen stille und feinsandige Buchten, an denen zunehmend Hotels gebaut werden. Karibische Abendkonzerte dauern oft die ganze Nacht, wobei der pfeifende Baumfrosch (*treefrog;* auf Puerto Rico *coquí*) stets den Ton angibt. Unter den **Reptilien** fallen die völlig harmlosen Leguane auf, eine bis 2 m große Art lebt noch in Jamaikas Hellshire Hills. Krokodile kommen nur in den Sümpfen Kubas, Jamaikas und Hispaniolas vor. Wie Miniaturausgaben davon erscheinen Geckos, die man in der Sonne dösend oder abends im Schein der Lampen auf Insektenjagd beobachten kann. Vor Schlangen oder anderem giftigen Getier muss sich niemand fürchten: Nur auf Trinidad und Martinique gibt es einige gefährliche Arten, die aber sehr scheu sind.

Bevölkerung

Nachdem die indianische Urbevölkerung innerhalb kürzester Zeit durch Mord, Sklaverei und Seuchen ausgelöscht war, beschafften sich die Kolonialmächte mit grausamen Methoden neues »Menschenmaterial« auf dem Schwarzen Kontinent: Man schätzt, dass zwischen 1524 und 1880 mehr als 10 Mio. Afrikaner zum Frondienst auf westindische Plantagen verschleppt wurden. Etwa die Hälfte von ihnen starb schon während der Überfahrt unter elenden Bedingungen. Die Nachkommen der Sklaven – von schwarzem bis kaffeebraunem Teint – stellen heute rund 80 % der antillanischen Bevölkerung. Lediglich in winzigen Reservaten auf Dominica und St. Vincent leben noch einige Hundert Karibenindianer.

Yuh speak creole?

Auf vielen Inseln wurde das jeweilige Idiom der Kolonialherren zur Amtssprache erhoben: Englisch, Spanisch, Französisch oder Niederländisch. Akademisch korrekt kommen die Vokabeln jedoch im Alltag echten Antillanern kaum über die Lippen. Die kreolischen Mischsprachen werden nicht nur häufiger verwendet, sie gelten heute geradezu als Ausdruck kultureller Identität. Englisch- und Französisch-Patois haben eigenständige grammatikalische Strukturen und einen lebendigen, sich ständig aktualisierenden Wortschatz. Außerdem entwickelten sich unterschiedliche Dialektformen *(local talks)* von Dorf zu Dorf und von Insel zu Insel. Ein besonders beredtes Zeugnis der wirren Siedlungsgeschichte Westindiens legt das Papiamento der ABC-Inseln ab: Die melodiös klingende Sprache basiert auf dem Spanischen, trägt aber auch stark niederländische Züge und weist zusätzlich englische, jiddische und indianische Einflüsse auf. Gut für die Touristen: Schulenglisch wird auf fast allen Inseln verstanden.

Als im 19. Jh. die Sklaverei abgeschafft wurde und in der Folge wieder ein Mangel an Arbeitskräften herrschte, bewegten vor allem Briten und Niederländer Bewohner ihrer asiatischen Kolonien zur Auswanderung in die Karibik. Die meisten Menschen indischer und chinesischer Herkunft leben gegenwärtig auf Trinidad und den ABC-Inseln. Überwiegend spanischstämmig ist die Bevölkerung Puerto Ricos und Kubas; insgesamt sind aber nur rund 8 % aller Insulaner weißhäutig.

Im Zeitalter des Tourismus lassen sich immer mehr ältere Nordamerikaner und Europäer in der Karibik nieder. Umgekehrt verschlägt die hohe Arbeitslosigkeit auf vielen Inseln eine große Zahl ihrer Bewohner nach London, Paris, New York oder Miami.

Ebenso ideenreich wie die kreolischen Sprachschöpfungen des *local talk* (s. S. 16) wirken viele religiöse Praktiken. Allein im Telefonbuch von Barbados findet man 39 christliche Kirchen meist protestantischer Ausrichtung: Anglikaner, Adventisten, Baptisten, Methodisten und Nazarener sind nur die bekanntesten. Lautstark und inbrünstig pflegen ihre Prediger in sonntäglichen Andachten um das Seelenheil der Gläubigen zu ringen. Besonders bei der Landbevölkerung ist zudem Volksglauben westafrikanischen Ursprungs weit verbreitet. In geheimen Ritualen werden beispielsweise auf Haiti und Kuba die Geisterkulte des Voodoo und Santería praktiziert. Die jamaikanische Rastafari-Bewegung (s. S. 39) trägt politische wie religiöse Züge. Die größten Hindu- und Moslemgemeinden gibt es auf Trinidad, jüdische Gruppen, die früher maßgeblichen Anteil am Zuckerhandel hatten, u.a. auf Curaçao und Barbados.

Der bunten Rassenmixtur zum Trotz kommen kaum ernste Zwistigkeiten zwischen Bevölkerungsgruppen unterschiedlicher Hautfarben vor. Tropisches Klima und das sprichwörtlich sonnige Gemüt der Antillaner können über drängende Probleme sozialer Art jedoch nicht hinwegtäuschen. Gerade auf den größeren Inseln bilden sich in den Randzonen der Städte Elendsviertel *(shanty towns)*. Arbeitslose Landflüchtlinge, die dort unter erbärmlichen Bedingungen hausen, erhoffen sich meist vergeblich ein besseres Auskommen. Besonders hart ist die Lage der zahlreichen allein erziehenden Mütter – auf vielen Inseln sind ca. 70 % der Neugeborenen unehelich.

Wirtschaft

Was während der Kolonialzeit Zuckerrohr, Kaffee und Baumwolle waren, sind heute Sonne, Strand und Stimmung: Die meisten Karibikstaaten leben vorwiegend vom **Tourismus.** Dass die boomende Ferienindustrie für die jungen Inselnationen nicht nur Vorteile bringt, offenbart sich erst auf den zweiten Blick. Kapitalintensive Vorleistungen (Flughäfen, Straßen, Energie- und Wasserversorgung) erhöhen die ohnehin mächtigen Schuldenberge und steigern die Abhängigkeit von ausländischen Investoren. Die ökologischen Folgen des Fremdenverkehrs trägt alleine das Gastland, der größte Teil der Gewinne aus den Pauschalreisen bleibt bei internationalen Hotelketten und Reiseveranstaltern hängen. Außerdem werden durch die einseitige Förderung touristischer Großprojekte häufig alle anderen Branchen vernachlässigt.

Die Weltmarktpreise für traditionelle Plantagenprodukte fallen indes in den Keller. Weil das Angebot an Zucker und Kaffee die Nachfrage übertrifft, regulieren die Abnehmerländer die Einfuhrmengen. Mit Importquoten kann beispielsweise die EU über Gedeih und Verderb karibischer und südamerikanischer Bananenpflanzer entscheiden. Generell krankt die **Landwirtschaft** vieler Inseln an überkommenen Strukturen: Die Vielzahl der Kleinbauern kann nur mit einfachsten Mitteln winzige Felder bestellen bzw. nicht die überregionalen Märkte beliefern, während die Großbetriebe dank staatlicher Subventionen und moderner Technik Gewinn bringend für den Export produzieren. Typische **Anbauprodukte** sind neben Zuckerrohr, Kaffee und Früchten vor allem Kakao, Maniok, Mais und Bohnen. Viele Lebensmittel werden importiert, da vonseiten der Hotelketten sowie der Regierungen kaum Hilfestellung für die lokale Landwirtschaft geleistet wird, um den gesteigerten Bedarf durch den Tourismus als neue Erwerbsquelle zu nutzen. Im Hotel erhält man deshalb häufig Säfte und Marmelade aus Florida, während einheimische Mangos und Orangen an den Bäumen verfaulen.

Über **Bodenschätze** in erwähnenswertem Umfang verfügen nur die Großen Antillen (Bauxit, Nickel) und Trinidad (Erdöl, Erdgas, Asphalt). Neben der Landwirtschaft wird die

Karibische Bananen unterwegs nach Übersee

Leichtindustrie staatlich gefördert. Textilien, Kunsthandwerk, Leder- und Fischverarbeitung gewinnen örtlich an Bedeutung. Rumbrennereien produzieren und exportieren Hochprozentiges (s. S. 24) – teilweise mit beachtlichem Profit. Manche Inseln (BVI, Anguilla, Aruba u. a.) haben sich erfolgreich auf undurchsichtige Offshore-Operationen verlegt: Dort verhelfen Briefkastenfirmen, Billigflaggen und Nummernkonten zur ungestörten Geldwäsche.

Einige der für Kleinstaaten typischen Probleme (Mangel an eigenen Ressourcen, technischem oder betriebswirtschaftlichem Know-how und Kapital) sollen trotz verbreitetem nationalem Egoismus durch politische Integration und wirtschaftliche Zusammenarbeit gelöst werden. Als wichtigste Organisationen gelten OECS (Organization of Eastern Caribbean States) und vor allem CARICOM, die nach EU-Vorbild einen »gemeinsamen Markt« anstrebt.

Staat und Politik

Von 28 karibischen Einzelstaaten und teilautonomen Dependancen zählen zwei Drittel weniger als 1 Mio. Einwohner, in einigen leben nicht einmal

100 000 Menschen. Nationale Unabhängigkeit streben längst nicht alle Inseln an: Die Französischen Antillen erfreuen sich dank ihres Status als *Département d'Outre-Mer* beständiger Subventionen des Mutterlandes. Vergleichbar ist die Situation der Niederländischen Antillen sowie der US-verwalteten Gebiete. Man genießt weit reichende Autonomierechte und bleibt dennoch unter dem Schutz der ehemaligen Kolonialmacht.

Anders verlief die Entwicklung auf den britisch regierten Inseln. Viele sind heute unabhängige Staaten innerhalb des British Commonwealth. Als erstes konnten Jamaika 1962, zuletzt St. Kitts and Nevis 1983 die Selbstständigkeit proklamieren. Von Großbritannien übernahmen die jungen Nationen das System der parlamentarischen Monarchie (mit Königin Elisabeth II. als Staatsoberhaupt). Einige charismatische Premierminister der ersten Stunde machten sich durch ihr selbstbewusstes Auftreten sogar in Europa einen Namen, darunter Jamaikas »Chief« Alexander Bustamante, Dr. Eric Williams auf Trinidad und Grantley Adams auf Barbados.

In den 1970er Jahren befürchteten die USA und der Westen aufgrund kurzfristiger Erfolge sozialistischer Parteien u. a. auf Jamaika, Grenada und Dominica eine »Kubanisierung« der Region. Mit der militärischen Intervention »Urgent Fury« auf Grenada 1983 erstickten US-Truppen alle revolutionären Energien. Allgemein überwiegen auf den Antillen demokratisch regierte, marktwirtschaftlich-konservative Systeme. Die faktische Regierungsmacht übt eine Gruppe von Technokraten und Spitzenbeamten aus, von denen viele Eliteuniversitäten in Europa und den USA besuchten. Korruption und Vetternwirtschaft sind auf allen Inseln weit verbreitet.

Geschichte im Überblick

Kariben und Arawaken

Die indianische Urbevölkerung besiedelte die Inseln von Venezuela aus. Erste Spuren des Fischervolkes der Ciboney gehen auf das 4. Jahrtausend v. Chr. zurück. Später folgten auf dem gleichen Weg die Arawaken, die seit dem 1. Jh. n. Chr. Ackerbau betrieben. Kriegerisch veranlagt sollen die Kariben gewesen sein, die aus dem Delta des Orinoco stammten und die Arawaken von den Kleinen auf die Großen Antillen vertrieben. Bis zu ihrer fast vollständigen Ausrottung kämpften die Kariben gegen noch wesentlich geübtere Aggressoren – die Europäer.

Entdecker und Eroberer

1492 Christoph Kolumbus, der sich auf dem Seeweg nach Indien wähnt, erreicht am 12. Oktober die Bahama-Insel Guanahani (heute: San Salvador). Auf Kuba schickt er Boten aus, um den »Kaiser von China« zu finden.

1493–1496 Auf seiner zweiten Reise entdeckt Kolumbus u. a. die Virgin Islands, Dominica, Puerto Rico und Jamaika. 1496 wird Santo Domingo (Hispaniola), die älteste Stadt in der Neuen Welt, gegründet.

1499 Alonso de Ojeda und Amerigo Vespucci erkunden die Küste Venezuelas. Nach Letzterem benennt der deutsche Kartograf Martin Waldseemüller 1507 den neuen Kontinent: »Amerika«.

Geschichte im Überblick

1524 Die ersten Afrikaner werden auf westindische Inseln verschleppt.

Piraten und Plantagenfürsten

1623 Die europäischen Verteilungskämpfe in der Karibik beginnen und sie enden erst im späten 18. Jh.: Die Engländer besetzen St. Kitts, zwei Jahre danach Barbados. Die Spanier verlieren an Boden.
1634 Der Niederländer Peter Stuyvesant, späterer Begründer New Yorks, erobert Curaçao.
1635 Die Franzosen besetzen Guadeloupe und Martinique.
1655 Spanien verliert Jamaika an die englischen Eroberer.
1671 Dänemark besetzt St. Thomas (USVI).
Bis 1800 wechseln viele Inseln mehrfach den Besitzer. Freibeuter plündern Städte und Schiffe. Die Inseln werden von einer Pflanzerelite beherrscht.

Sklavenschinder – Freiheitshelden

1803 Die Sklaven Haitis erkämpfen sich unter Toussaint Louverture die nationale Selbstständigkeit.
Um 1820 brechen überall Sklavenaufstände aus. Die Kolonialherren reagieren mit äußerster Brutalität.
1834 Das britische Parlament verbietet die Sklaverei mit dem Emancipation Act. Die Franzosen schaffen sie 1848, die Niederländer 1863 und die Spanier 1886 ab.
1898 Mit Hilfe der Vereinigten Staaten befreien sich die Kubaner von der spanischen Herrschaft. Kuba wird ein Satellitenstaat der USA, die im selben Jahr Puerto Rico besetzen und die Karibik gemäß der Monroe-Doktrin zu ihrer Einflusszone erklären.

Urlauber und kalte Krieger

1914 Eröffnung des Panamakanals; die Karibik gewinnt an Bedeutung.
1917 Die USA kaufen Dänemark für 25 Mio. US $ die Virgin Islands ab.
1938–1945 Im Zweiten Weltkrieg kreuzen deutsche U-Boote in karibischen Gewässern.
1946–1956 Tourismusboom. Quartierten sich zuvor fast ausschließlich englische Reisende ein, entdecken nun Nordamerikaner die Karibik.
1959 Fidel Castro gründet auf Kuba den ersten sozialistischen Staat der westlichen Hemisphäre.
1962 »Kuba-Krise«: Wegen der Stationierung sowjetischer Raketen auf Kuba und eines Ultimatums von US-Präsident John F. Kennedy gerät die Welt an den Rand eines Atomkrieges.
1962–1983 Die meisten Inseln werden unabhängige Staaten.
1973 Gründung der CARICOM, der »Karibischen Gemeinschaft«.
1983 US-Präsident R. Reagan lässt Grenada von US-Marines besetzen.
1992 Die 500-Jahr-Feiern der Entdeckung Amerikas stoßen bei Menschenrechtlern auf Kritik.
1994/95 Kuba: Proteste gegen Castro. Tausende von Kubanern flüchten auf seeuntüchtigen Booten nach Florida.
2000 Die CARICOM führt einen gemeinsamen Markt ein.
2001 Blutige Bandenkriege in Kingston (Jamaika).

Kultur gestern und heute

Architektur

Mit einem genial einfachen Patent haben sich die Ureinwohner selbst ihr »Denkmal« gesetzt: Sogar in Luxushotels baumelt heute die *hamaca* (span.-indianisch: Hängematte) als schickes Standardaccessoire in Gärten und auf Terrassen.

Typisch spanisch-kolonial ist die Anordnung der Wohnräume um einen begrünten Patio, Zierrat aus Gusseisen gelangte via Louisiana (USA) auf Veranden und Balkone der französischen Inseln. Holzdekor am laufenden Meter und viel Liebe zum Detail waren charakteristisch für den englisch-viktorianischen Stil (*gingerbread houses*, »Lebkuchenhäuser«). Der schönste Platz für den Fünfuhrtee im Plantagenstil ist wie ehedem die charakteristische Loggia vor dem Hauseingang (engl. *porch*). Weniger komfortabel waren die Behausungen befreiter Sklaven. Weil die Pflanzer sie jederzeit von ihren angestammten Parzellen vertreiben konnten, bauten sie kleine, mobile Holzbuden auf einem Steinfundament. Für Palast und Hütte gleichermaßen gilt die karibische Vorliebe für leuchtende Farben und freundliche Pastelltöne.

Malerei und Volkskunst

Ausgehend von Haiti hat sich in der Karibik die naive Malerei als Kunstform der einfachen Leute durchgesetzt. Spontaneität, Freude an kräftiger Farbe und volkstümliche Themen sind ihre herausragenden Kennzeichen. Nicht nur Leinwände, auch nackte Betonmauern werden mit populären Gemälden verziert. Ein häufiges Motiv ist der gekrönte Löwe von Juda vor der rotgrüngoldenen Nationalflagge Äthiopiens – Symbole der Rastafari-Bewegung (s. S. 39). Auf Puerto Rico sind bunte Tiermasken aus Holz oder Kokosnuss sowie kleine Engels- und Heiligenfiguren *(santos)* weit verbreitet.

Angenehm kühl auch ohne Klimaanlage: das karibische Holzhaus

Literatur

Die Chroniken der Geistlichen Bartolomé de Las Casas (1474 bis 1566, »Bericht von der Verwüstung der Westindischen Länder«, Frankfurt/M. 1981) und Jean-Baptiste Labat (1663–1738, »Pater Labats Sklavenbericht«, Stuttgart 1984) sind authentische Dokumente der Sklavenzeit. Erst im 20. Jh. entwickelten einheimische Autoren Selbstbewusstsein. Einer der wichtigsten Vertreter der sog. *Négritude* war Frantz O. Fanon aus Martinique (1925–1961, »Schwarze Haut, weiße Masken«). Wie er forderten viele seiner Zeitgenossen die Hinwendung zu afrikanischen Wurzeln. Weltweit bekannt wurde der Romancier V. S. Naipaul (Trinidad, geb. 1932), der 2001 den Literaturnobelpreis bekam (s. S. 93). Als bedeutendster Lyriker erhielt Derek Walcott (St. Lucia, geb. 1930, »Omeros«, 1990; dt. 1995) den Nobelpreis 1992.

Musik und Tanz

Calypso

Improvisierte Spottlieder aus Westafrika *(kaisos)* entwickelten die Sklaven Trinidads nach ihrer Befreiung zu Satiren auf die Pflanzerelite. In den Elendsvierteln von Port of Spain wurde später auch trotz vieler Verbote weiter musiziert; zur Instrumentierung des subversiven Liedgutes verwendete man Flaschen oder Ölfässer. Die perfektionierte Form davon, *steeldrum* oder *pan* genannt, gilt heute als Markenzeichen karibischer Musik schlechthin.

Kein Calypso ohne Steeldrum

Veranstaltungskalender

- **Antigua:** Ende April/Anfang Mai – **Antigua Sailing Week.** Bekannte Regatta in der Karibik (s. S. 7).
- **Aruba:** Mitte Januar bis Aschermittwoch: **Karneval** mit Grand Parade am Faschingssonntag. **Jazz and Latin Music Festival** im Juni.
- **Barbados:** Mitte Juli bis 1. Mo im August **Crop Over Festival,** fröhliches Zucker-Erntedankfest (Karneval; s. S. 8).
- **Dominica:** Vier Wochen vor Aschermittwoch: **Karneval.**
- **Grenada:** 1. Januar – **New Year Fiesta** mit Jachtregatta. **Karneval** am 2. Wochenende im August.
- **Guadeloupe, Martinique und St-Martin:** Hl. Drei Könige bis Aschermittwoch: **Karneval** mit Höhepunkt am Faschingsdienstag (Mardi Gras; s. S. 9).
- **Jamaika:** Jan./Febr. – **Reggae Sunsplash Festival** (wechselnde Orte); August – **Reggae Sumfest** (MoBay).
- **Montserrat:** 17. März: **St. Patricks Day** (irischer Nationalfeiertag).
- **Puerto Rico:** 24. Juni: **Hl. Johannes** (San Juan). Patronatsfest mit Tanz, Musik und Strandpartys.
- **St. Kitts and Nevis: Karneval** vom 26. Dezember bis 2. Januar.
- **St. Lucia: Karneval** am Wochenende vor Aschermittwoch.
- **St. Vincent:** Ende Juni bis 1. Dienstag im Juli **Vincy Mas,** Karneval (s. S. 9).
- **Trinidad:** Neujahr bis Aschermittwoch – der weltweit größte und turbulenteste **Karneval.** Höhepunkt am Faschingsdienstag. Okt./Nov. – hinduistisches **Divali-Fest** zu Ehren der Göttin Lakshmi.
- **US Virgin Islands: St. Croix Jazz & Arts Festival** im Oktober.

Die Diskoversion des Calypso, Soca (Soul und Calypso), ist seit den 1970er Jahren auf allen Inseln zuhause.

Limbo

In der Reiseliteratur wird gerne spekuliert, der Tanz unter einer ständig tiefer gelegten Stange hindurch sei ein uralter afrikanischer Trance-Ritus. Es steht jedoch fest, dass derlei Showakrobatik außerhalb von Hotels nicht stattfindet.

Reggae

Der schleppende, basslastige Beat aus Jamaika wurde in den 1970er Jahren dank einiger Stars wie Bob Marley & The Wailers zum Inbegriff afrokaribischer Musik. Wie die Plattenindustrie den Boom in harte Dollars ummünzte, zeigt der Film »The Harder They Come« (1973) mit Jimmy Cliff. Ursprünglich stammt Reggae aus den *shanty towns* von Kingston, wo er (auf Ska und Rocksteady basierend) als Ausdruck sozialen Protestes zur Hymne der Rastafari-Bewegung aufstieg.

Den Einfluss des Reggae selbst auf die englische Popszene belegen Erfolgsbands wie UB 40 (»Red Red Wine«). Auf Jamaika geht die Entwicklung weiter: Ragga nennt sich die modische Fusion aus Hip-Hop und Reggae; dank elektronischer Verfremdungseffekte (Dub) erlebt der Reggae auch in der Techno- und Trip-Hop-Ära eine Renaissance.

Salsa

Afrikanische Polyrhythmik und spanische Harmonien fanden auf Kuba in idealer Weise zu Rumba, Cha-Cha, Mambo und Son zusammen. Vermischt mit Jazzelementen, entwickelte sich daraus die höchst tanzbare und populäre Salsa. Zuletzt sorgten kubanische Son-Veteranen (»Buena Vista Social Club«) für einen weltweiten Latin-Boom.

Geschichte zum Schmecken

Kreolische Küche & Co.

So vielfältig und bunt wie das Völkergemisch auf den Antillen präsentiert sich auch die kreolische Küche. Den Speiseplan prägen sowohl vorkolumbische Zubereitungsmethoden (aus der Taíno-Sprache: *barbacoa,* »Holzkohlengrill«) als auch europäisch-koloniale Einflüsse, afrikanische Zutaten und asiatische Würzmischungen.

Zusätzlich bekommt man in Urlaubsorten jeden Gerichtemix zwischen Pizza, Chop-suey und Hotdog geboten. Lokale gehobenen Niveaus pflegen gerne US-Tischsitten – Plätze werden zugewiesen –, man tendiert zu vollmundigen Übertreibungen (»try our world famous Cheeseburger«) und raffinierten Kreationen mit gesalzenen Preisen. Preiswerte und bodenständige Inselküche wird meist außerhalb der Touristenzentren aufgetischt.

Typisch für *local food* sind Knollengemüse (Yams, Süßkartoffel, Maniok) und Kochbananen. Überall gibt es Fisch und Meeresfrüchte; Huhn und Schwein sind die populären Fleischsorten. Ein karibisches Menü beginnt häufig mit der spinatgrünen *callaloo soup:* In einer Fleischbrühe werden die würzigen Blätter der Dasheen-Pflanze gekocht, eventuell verfeinert mit Krebsfleisch. Als Hauptgang kommen *dolphin* (Goldmakrele), die Schnecke *conch* (auch *lambi*) oder der Eintopf *pepperpot* in die engere Auswahl, begleitet von Reis, Bohnen, Gemüse oder *fungi,* einem polentaähnlichen Maispüree.

Zum Nachtisch empfehlen sich *coconut pie* (Kokoskuchen), frische Ana-

nas oder Papaya. Neben exotischen Rumcocktails werden Fruchtsäfte und eiskaltes Bier *(lager)* der regionalen Marken Banks, Carib oder Red Stripe gereicht.

Nationalgerichte

Holländischer Edamer kommt auf den **ABC-Inseln** zu Ehren: Der mit Fleisch, Fisch und Gewürzen gefüllte Laib wird im Rohr gebacken und als sättigender *keshy yená* (von span. *queso relleno,* »gefüllter Käse«) serviert. Ganz sicher auch keine Diätspeise ist die indonesische *rijsttafel,* die aus wahren Reisgebirgen und opulenten Fleisch- und Gemüsebeigaben besteht.

Der *flying fish* (Fliegender Fisch), das Wappentier von **Barbados,** wird dort schon zum Frühstück gegessen. Typisch barbadianisch ist auch *coucou,* eine Variante des *fungi* mit afrika-

Rum – nur zum Mixen fast zu schade

»Zehn Jahre tägliches Training, keine scharf gewürzten Speisen und einen klaren Kopf« empfiehlt der Mount-Gay-Chefbrenner seinen Besuchern bei der Kostprobe. Echte Rumexperten wissen ihr »flüssiges Gold« so fein zu unterscheiden wie Weinkenner den Rebensaft.

Gemeinsam ist allen Rumsorten nur der Grundstoff: jene braune, zähe Melasse, die beim Sieden von Zuckerrohrsaft übrig bleibt. Nach dem Zusatz von Quellwasser und der Gärung entsteht daraus beim Brennen ein hochprozentiges Destillat. Genießbar wird es erst durch monate- oder jahrelange Lagerung in Eichenfässern, in denen der Tropfen den bekannten bernsteinähnlichen Ton annimmt. Farbloser (»weißer«) Rum ist noch sehr jung oder in Stahlbehältern gereift. Was sonst noch geschieht, bleibt ein Geheimnis des *master blender.* Er verleiht dem Endprodukt die persönliche Note, indem er beim Destillieren Aromastoffe (z. B. Vanille, Zimt u. Ä.) zusetzt oder später verschiedene Sorten miteinander kombiniert (engl. *to blend*). Besonders gehaltvoll und edel schmecken die dunkleren, lange gelagerten Sorten (engl. *extra old,* span. *viejo* oder *añejo*).

Der größte Rumhersteller der Welt ist die Bacardi Corporation in Puerto Rico mit einem Tagesausstoß von 250 000 l. Kenner schwören auf die Erzeugnisse kleinerer Brennereien: Barrilito (Puerto Rico), Appleton (Jamaika) oder Mount Gay (Barbados). Während Urlaubstrinker bevorzugt fruchtige Rumcocktails wie Daiquirí (z. B. mit Banane oder Erdbeere), Planter's Punch – verfeinert mit einer Prise Muskat – oder Piña Colada (mit Kokosnusscreme und Ananassaft) schlürfen, lassen Puristen bestenfalls Wasser und Eis an ihr Getränk.

nischen Okraschoten. Die vitaminreiche *breadfruit* (Brotfrucht) brachte einst Kapitän Bligh mit seiner »Bounty« zur Steigerung der Arbeitskraft der Sklaven aus Tahiti auf die Antillen.

Dominica, die Regenwaldinsel, ist bekannt für exzellentes Obst und Gemüse, z. B. Bananen und Grapefruits. *Crab Stew* heißt ein Eintopf aus gekochten Krebsen. Wer *mountain chicken* (wörtl. »Berghuhn«) ordert, bekommt nicht etwa Federvieh, sondern die Schenkel von Riesenfröschen kredenzt. **Guadeloupe** und **Martinique** gelten als Lieblingsinseln der Feinschmecker. Zu den Delikatessen zählen dort *homard flambé,* mit Rum flambierter Hummer, oder variantenreiche Gerichte mit *Lambi*-Schnecken.

Typisch für **Jamaika** ist *salt fish and ackee,* Stockfisch mit Gemüse aus der heimischen Ackee-Baumfrucht, die nur in einem bestimmten Reifezustand genießbar ist. Das preiswerteste Alltagsgericht vieler Jamaikaner besteht, obwohl *rice and peas* (»Reis und Erbsen«) geheißen, aus Reis- und Kidneybohnen, Zwiebeln, Kokosmilch sowie Kokosöl. Dem gegrillten *jerk pork* (Schweinefleisch) verleihen eine Kräuterbeize und der Duft der Pimentzweige den besonderen Geschmack.

Auch in **Puerto Rico** schätzt man »Schweinereien«, vor allem in Form des gegrillten Spanferkels *(lechón asado).* Genauso populär sind pikant gefüllte Küchlein *(mofongo relleno)* und frittierte Stücke von Kochbananen *(tostones).* Auf der Vielvölkerinsel **Trinidad** sollte man die hervorragende indische Küche probieren. Von den Einheimischen besonders geschätzte *curries* mit feuriger Note können europäische Zungen allerdings in Brand setzen. Das *roti,* eine indisch pikante Teigtasche mit verschiedenen Füllungen, findet als Zwischenmahlzeit auch auf anderen Inseln Anklang.

Unterkunft

Hotels

Zimmerpreise von über 1000 DM pro Nacht sind in einer Nobelherberge in der Hauptsaison keine Seltenheit. Derartig astronomische Tarife müssen aber nicht sein: Wenn auch das Niveau insgesamt recht hoch liegt, gibt es speziell im Sommer auch schon für weniger als 150 DM recht passable Unterkünfte.

Für die Reservierung reicht in der Regel ein Fax unter Angabe einer Kreditkartennummer mit Gültigkeitsdatum.

Tipp Eine ergiebige Informationsquelle im Internet ist die Hotel-Site **www.where2stay.com,** die sich ganz auf karibische Zielgebiete konzentriert.

Einige Reiseveranstalter verfügen über Sonderkonditionen und geben teilweise Zimmer ohne Pauschalarrangements ab. Bei der direkten Buchung ist zu beachten, dass zum offiziellen Tarif meist noch lokale Steuern (10–20 %) sowie ein Bedienungsgeld (10 %) addiert werden. EP (European Plan), MAP (Modified American Plan) und AP (American Plan) lauten die Bezeichnungen für Zimmer ohne Verpflegung, Halbpension bzw. Vollpension. Unterkunftslisten verschicken die Verkehrsämter.

Strandhotels sind nicht allein nach dem Preis, sondern ebenso nach Lage und Charakter zu beurteilen: Ruhe und Abgeschiedenheit oder Stadtnähe und Nachtleben? Klimatisierter Komfort mit Satelliten-TV oder tropisches Idyll samt Ventilator und Hängematte? Große Unterschiede bestehen häufig auch im Sportangebot.

All-inclusive oder Apartment?

All-inclusive-Clubs liegen in der Karibik voll im Trend. Der Paketpreis enthält Vollpension und alle Extras von der Morgengymnastik bis zum Schlummertrunk. Manche Klubs konzentrieren sich sogar auf »Couples only« – nur Pärchen ohne Kinder.

Apartments für Selbstversorger können eine preiswerte Alternative zum Hotel sein. Bei längeren Aufenthalten wird oft Rabatt gewährt.

Villen in einfacher bis edler Ausführung, mit und ohne Personal, vermitteln Makler und Veranstalter. Relativ preiswert ist diese Variante mitunter für Familien und Gruppen. Informationen z. B. bei Landmark GmbH, Herwarthstraße 5, 50672 Köln, Tel. (02 21) 92 58 98 22, Fax 92 58 98 11. Äußerste Zurückhaltung ist bei »Sonderangeboten« örtlicher Immobilienmakler und Time-Sharing-Vertreter geboten.

Pensionen und Privatquartiere mit Familienanschluss bieten speziell Alleinreisenden und Urlaubern mit schmalem Budget die Möglichkeit, Land und Leute für relativ wenig Geld kennen zu lernen. Guesthouses sind durchweg zentral in der Inselhauptstadt gelegen (s. S. 9).

Plantagenhäuser aus kolonialer Zeit verfügen teilweise über Gästezimmer mit antiker Originalmöblierung, knarrenden Dielen und einer Holzveranda mit Blick über alte Ländereien. Die ehrwürdigen Estate Houses findet man bevorzugt abseits der Strände in luftiger Hanglage (s. S. 10).

Tipp **Campingplätze** sucht man in der Karibik meist vergebens, wildes Zelten ist verboten. Eine Ausnahme sind die sonst eher noblen British Virgin Islands, wo es eine Reihe offizieller Zeltplätze gibt.

Urlaub aktiv

Zu Wasser ...

Die Inseln bieten Wassersportlern ideale Bedingungen. Von **Seglern** besonders geschätzt werden die Ankerplätze vor den Leeward Islands. Wem für die eigene Jacht das nötige Kleingeld fehlt, kann auch Boote mit und ohne Besatzung *(bareboat)* chartern (s. S. 6/7).

Windsurfer erfreuen sich auf allen Inseln bester »Spots«: Der Passat sorgt für rasantes Tempo und die tropische Sonne für angenehme Wassertemperaturen. Als besonders verlässlich gelten die Windstärken an der flachen Nordwestküste Arubas bei Fisherman's Hut (ganzjährig um 5 Beaufort). Zur Regatta Hook-In-Hold-On (HI-HO) treffen sich die Fans alljährlich Ende Juni/Anfang Juli auf den British Virgin Islands. – Bretter guter Qualität verleihen die meisten Strandhotels. Zum Basisprogramm vieler Resorts zählen auch **Wasserski** und **Parasailing** sowie der Verleih von Jetski-Motorschlitten.

... und an Land

Dem Trend zum naturnahen Urlaub entsprechen die Tourismusbehörden vieler Inseln durch den Ausbau von **Wanderwegen** im Hinterland. Für Europäer höchst attraktiv sind Routen durch tropischen Regenwald (Infos bei den örtlichen Verkehrsämtern und Nationalparkbüros). Wo keine markierten Pfade bestehen, organisieren z. T. örtliche Veranstalter geführte Touren. Zum Wandern sollte man unbedingt die frühen Morgenstunden nutzen.

Mountainbikes oder Fahrräder können vielerorts gemietet werden. Die Radsportbegeisterung der Franzosen hat sogar Guadeloupe und Martinique erfasst, und entsprechend gut ist dort das Angebot an Drahteseln. Der Urwald Dominicas lässt sich mit Geländerädern auf alten Transportpfaden der Bananenpflücker erkunden (Nature Island Dive, Dominica, Tel. 449-8181, Fax 449-8182). Recht komfortabel mit Lunch und Transport bergauf ist die »Blue Mountains Bike-Tour« auf Jamaika (s. S. 34).

Der **Reitsport** ist am populärsten in Puerto Rico (Infos: Hacienda Carabalí, Luquillo, Tel. 889-5820, oder Palmas del Mar, Equestrian Centre, Humacao, Tel. 852-6000).

Golfplätze gibt es auf den meisten Antillen. Landschaftlich schön gelegene Greens findet man z. B. auf Jamaika, Puerto Rico, Nevis oder Tobago. Auf Barbados warten seit 1996 neben der exklusiven Anlage des Hotels »Sandy Lane« weitere 27 Löcher auf geübte Putter: Der bekannte Golfplatz-Designer Robert Trent Jones Jr. entwarf den brandneuen Kurs des noblen »Royal Westmoreland«, St. James, Barbados, Tel. 422-4653, Fax 422-3021.

Tiefe Einblicke

Nicht zuletzt, weil Anfänger schnell in die faszinierende Tiefe dürfen, erlebt der Tauchsport derzeit einen Boom. Nie übersehen sollte man dennoch, dass der Grundkurs im Hotelpool aus einem Touristen keinen Jacques Cousteau macht. Die Risiken wissen nur erfahrene Taucher richtig einzuschätzen.

Vor dem Abtauchen steht der Arztbesuch: Noch zu Hause müssen Neulinge sich auf Tauchtauglichkeit untersuchen lassen. Um nicht Zeit mit trockener Theorie zu vergeuden, kann man den ersten Kurs in Europa absolvieren. Seriöse Tauchbasen sind internationalen Verbänden wie PADI, NAUI, oder VIT angeschlossen, deren Kurs-Brevets weltweit akzeptiert werden.

Zu den besten Tauchgründen der Karibik zählen das Untersee-Reservat von **Saba,** die Riffe der **Virgin Islands** oder im Süden **Puerto Ricos,** die versunkenen Schiffe vor **Sint Eustatius** und vor allem der ****Bonaire Marine Park.** Der Taucher schwebt dort durch Gebirge und Wälder aus Korallen, begleitet von Wolken schillernder Fischschwärme. Anfassen ist jedoch tabu – erstens reagiert das Ökosystem der Riffe sehr sensibel, zweitens können Feuerkorallen und Rochenstiche höllisch schmerzen ...

- **Verband Deutscher Sporttaucher** (VDST), Mörfelden, Tel. (061 05) 96 13 02.
- **Bonaire Marine Park,** Fort Oranje, Kralendijk, Tel. 84 44, Fax 84 16.

Reisewege und Verkehrsmittel

Anreise

Linienflüge in die Karibik betreiben viele internationale Gesellschaften. Häufig sind dabei auch günstige Inselkombinationen (Gabelflüge) und Zwischenstopps in den USA oder Lateinamerika möglich. Direkt ab Frankfurt/M. und Zürich fliegt BWIA u. a. nach Barbados und Trinidad. Zahlreiche andere Umsteigeverbindungen bestehen via Paris, London, Amsterdam, Miami. Alle Linien bieten über spezialisierte Reisebüros Sonderpreise an, die weit unter den offiziellen IATA-Tarifen liegen. **Chartermaschinen,** z. B. von Condor, starten ab vielen deutschen Flughäfen nach Jamaika, Puerto Rico und vielen kleineren Karibik-Inseln.

Von Insel zu Insel

Mit dem **Flugzeug** sind problemlos selbst die kleinsten Inseln zumindest mit der Propellermaschine erreichbar. Wer als »Inselhüpfer« unterwegs sein will, sollte zusammen mit der Langstrecke ein Rundflugticket kaufen.

Über das dichteste Streckennetz verfügt **LIAT** (Spitzname: *Leaves Island Any Time* – »Irgendwann fliegen sie immer«); der *Super Explorer Airpass* (25 Inseln, 20 Tage) kostet 475 US $. Es ist dringend erforderlich, alle Reservierungen vor dem Abflug telefonisch rückzubestätigen. Das 30-Tage-Netzticket der **BWIA** kostet 499 US $.

i **BWIA,** c/o Aviareps, Tel. (0 61 05) 20 60 90, www.bwee.com.
- **LIAT,** www.liat.com.

Vor der Abreise ist auf fast allen Inselflughäfen eine **Airport Tax** (ca. 15 € pro Person) fällig.

Der **Schiffsverkehr** in der Karibik verliert an Bedeutung. Passagierfähren pendeln vor allem zwischen benachbarten Eilanden desselben Staates, z. B. von Grenada nach Carriacou oder von Tortola nach Virgin Gorda (BVI). Zu moderaten Preisen kreuzt das kombinierte Fracht- und Passagierschiff »MV Windward« zwischen Barbados, St. Lucia, St. Vincent, Trinidad und Venezuela (Global Steamship Ltd. Wrightson Road, Port of Spain, Trinidad, Tel. 624 22 79, Fax 627 50 91).

Eine Broschüre mit Informationen zur Überfahrt auf dem Frachtschiff ist erhältlich bei: Frachtschiff-Touristik, Kapitän Peter Zylmann, Exhöfter Damm 12, 24404 Maasholm, Tel. (0 46 42) 60 68, Fax 67 67.

Kreuzfahrten

Kreuzfahrten beginnen häufig in Miami (Florida) und San Juan (Puerto Rico). Die Sitten auf den Ozeanriesen haben sich in den letzten Jahren gelockert. Statt gepflegter Langeweile und steifer Kleiderordnung beim *Captain's Dinner* werden Passagiere heute im Fitnesscenter, mit Joggingbahnen, Kochkursen und Video-Workshops bei Laune gehalten. Manche Luxusliner entwickeln sich zu regelrechten Animierdampfern.

Tipp Das fidele Flaggschiff unter den Klub-Kreuzern ist die **Aida,** die jeden Winter zwei wöchentliche Karibikrouten befährt. Info unter im Internet unter www.arkona.de oder im Reisebüro.

Nur eines hat sich nicht geändert: Für die Landgänge steht jeweils maximal ein voller Tag zur Verfügung. Wer mehr sehen möchte, muss wiederkommen. Viele Veranstalter bieten deshalb Vor- oder Nachprogramme an (»Pre-/Post-Cruising«).

Unterwegs auf den Inseln

Bevor man in ein **Taxi** einsteigt, sollte man den Fahrpreis aushandeln. Die Standardtarife lassen sich an der Hotelrezeption oder im Flughafen erfragen. Auf den meisten Inseln verkehren **Kleinbusse** und **Sammeltaxis,** die alle Hauptorte miteinander verbinden. Oft fahren sie erst los, wenn sie voll besetzt sind, und halten unterwegs auf Zuruf.

Mietwagen werden überall angeboten, auch von kleinen lokalen Vermietern (Büros z. B. an Flughäfen). Es ist ratsam, eine Vollkaskoversicherung *(Collision Damage Waiver – CDW)* abzuschließen. Die Tagespreise für Kleinwagen ohne Kilometerbegrenzung liegen bei 50–70 US $, eine Kreditkarte wird bei der Anmietung vorausgesetzt. Die meisten Inseln verlangen ferner eine nationale Fahrerlaubnis, die man gegen Vorlage des Führerscheins und nach Bezahlung einer Gebühr (ca. 10 €) erhält.

Gewöhnungsbedürftig: Bitte links bleiben!

Die Hand an der Hupe

Jah is my light – »Gott ist mein Licht«, so lautet die fromme Botschaft auf der Sonnenblende eines Sammeltaxis auf Dominica. In der Gewissheit des höchsten Segens und mit professioneller Rasanz absolvieren karibische Berufsfahrer ihr tägliches Pensum. Sie kennen jedes Schlagloch, nutzen jeden Zentimeter des schmalen Asphaltstreifens und haben an jedem Engpass serienmäßig Vorfahrt.
Ihr Credo: Warum bremsen, solange die Hupe geht? Zweikämpfe mit entgegenkommenden Minibussen sollte man daher möglichst vermeiden. Defensives Verhalten am Steuer ist sehr angebracht. Viele Bergstraßen sind extrem eng und kurvig, der Belag ist oft löchrig. Wer auch entlegenere Ecken erkunden möchte, ist mit einem Geländewagen *(four-wheel-drive)* gut bedient. Für Verwirrung bei Neuankömmlingen sorgt der Linksverkehr auf ehemals oder noch britischen Inseln. Viele Vermieter haben auch links gesteuerte (japanische) Autos, in denen die Umstellung etwas leichter fällt, beim Überholen jedoch hat man weniger Überblick. Mangels Wegweiser ist die Orientierung unterwegs oft Glückssache. An zweifelhaften Kreuzungen hilft nur Fragen weiter. Recht flexibel und nach Gehör werden die Verkehrsregeln ausgelegt und alle unübersichtlichen Stellen meistert man möglichst musikalisch – mit einer Hand an der Hupe.

Seite 36

Jamaika

Positive Vibrations, schwarzer Stolz

Rum, Reggae, Rastafaris und eine relaxte Stimmung im Palmschatten – so wünscht man sich The Island in the Sun. Dass Jamaika, die drittgrößte Antilleninsel, abseits der Luxusstrände und -hotels von Ocho Rios, Montego Bay und Negril auch mit Attraktionen einer anderen Art aufwartet, bleibt oft unerwähnt. Lohnende Ziele sind z. B. die kühlen Blue Mountains, die stillen Badebuchten bei Port Antonio und das quirlige Kingston, der Geburtsort des Reggae. Wie sehr die Botschaften Bob Marleys schwarzes Selbstbewusstsein bestimmen, wird Besuchern aus dem weißen Babylon kaum verborgen bleiben: Afrika ist vielen Jamaikanern näher als Europa, ihren Gästen begegnen sie mit Stolz, aber auch mit Wärme und Humor.

Geschichte, Gesellschaft

Nach der Entdeckung durch Kolumbus 1494 blieb Jamaika in spanischem Besitz. Die arawakische Urbevölkerung, die ihre Heimat *xaymaca*, »Land aus Wasser und Wald«, genannt hatte, war bald ausgelöscht. Nach einigen Versuchen konnten sich 1655 erstmals englische Truppen auf der Insel festsetzen. Piraten, die mit dem Segen der Krone spanische Schiffe ausraubten, durften sich danach in Port Royal häuslich niederlassen. Der berüchtigte Henry Morgan avancierte dort sogar zum britischen Statthalter.

Für Unruhe sorgten lange Zeit »herrenlose« Sklaven der Spanier. Diese so genannten *maroons* verbargen sich im unzugänglichen Bergland und führten gegen die Pflanzer Krieg nach Partisanenart.

Im 18. Jh. gedieh die Insel dank Sklavenhandel und Zuckerrohr prächtig. Nach der 1838 vom Mutterland verordneten Befreiung der Afrikaner ging es jedoch rapide bergab. Als Folge von Aufständen wurde Jamaika 1866 zur britischen Kronkolonie erklärt. Im Lauf des 20. Jhs. gewährte London weitere Autonomierechte, bis 1962 die Republik proklamiert wurde.

Wirtschaftlich ist Jamaika vor allem ein Agrarland (Zucker, Bananen, Kaffee, Piment), wobei die Fixierung auf Zuckerrohr abnimmt. Tourismus gewinnt stark an Bedeutung. Verschuldung und Inflation setzt die Regierung seit den 1980er Jahren eine neoliberale Schockpolitik entgegen, die Streiks und soziale Unruhen zur Folge hatte.

Jamaika

- **Steckbrief:** 10 991 km²; 2,52 Mio. Einw., davon 90 % Schwarze. Sprache: Englisch und Patois. Währung: Jamaica Dollar (J $).
- **Attraktionen:** Abwechslungsreiche Landschaft; Urlaubsorte an den herrlichen Sandstränden der Nord- und Westküste, viel Ruhe im Bergland. Historische Plantagenhäuser.
- **Unterhaltung/Sport:** ***Baden, **Musik und Nachtleben, **Golf, **Wandern, *Surfen und Segeln, *Schnorcheln und Tauchen.
- **Jamaica Tourist Board,** Postfach 90 04 37, 60444 Frankfurt/M., Tel. (0 61 84) 99 00 44, Fax 99 00 46, www.jamaicatravel.com

Seite 36

Trotz einer Konsolidierung in den 1990ern bleiben Strukturdefizite und Armut vorerst bestehen. 60 % aller Jamaikaner sind noch keine 20 Jahre alt, mehr als die Hälfte der Jugendlichen ist arbeitslos. In den Slums gehören Gewalt, Prostitution und Drogensucht zum Alltag.

Tipp **Meet the People** – unter diesem Motto vermittelt das Jamaica Tourist Board vor Ort persönliche Kontakte zwischen Touristen und Jamaikanern: zum Familienpicknick, einem Spaziergang im Stadtviertel oder einfach einem Plausch bei Fruit Punch und Kuchen.

Montego Bay

Die meisten Besucher Jamaikas bleiben zum Relaxen an der Nordküste. Montego Bay (90 000 Einw.) ist Jamaikas touristische Hauptstadt. *Downtown* gibt es nicht viel zu besichtigen: am ***Sam Sharpe Square** stehen noch einige historische Bauten wie das alte Gefängnis **(The Cage),** ein Backsteinbau von 1806, und die **St. James Parish Church** mit ihrem Friedhof.

Im **Crafts Market** (Harbour St.) werden Kunsthandwerk und T-Shirts angeboten.

Die wie Badeanstalten betriebenen Strände ****Doctor's Cave** und ****Cornwall Beach** liegen zentrumsnah, die zauberhaften Hotels an den weißen Sandstreifen hingegen östlich des Flughafens. Im Süden des Zentrums gehen im **Freeport** Kreuzfahrtschiffe vor Anker.

i Cornwall Beach, Tel. 952-2462, Fax 952-3587.

Flughafen: Sangster International, 4 km vom Zentrum, Taxis.

Half Moon Club, Tel. 953-2211, Fax 953-2731. Luxus pur auf 200 Hektar, herrlicher Strand, Golfplatz. ○○○

Round Hill Hotel & Villas, Tel. 956-7050, Fax 956-7505. Nobel und dennoch persönlich, viel Sport. ○○○

Doctor's Cave Beach Hotel, Tel. 952-4355, Fax 952-5204. Angenehmes Stadthotel, 200 m zum Strand. ○○

Seite 36

- **Coral Cliff,** 165 Gloucester Ave., Tel. 952-4130, Fax 952-6532. Legere Atmosphäre, nah an Stränden und Kneipen. ❍❍
- **The Guest House,** 29 Gloucester Ave., Tel. 952-3121, Fax 979-3176. Freundlich, gepflegt, erschwinglich. ❍

Marguerite's, Gloucester Ave., Tel. 952-4777. Eleganz und Gourmetgerichte auf Terrassen am Meer. ❍❍❍

- **Town House,** Church Street, Tel. 952-2660. Jamaikan. Küche. ❍❍
- **Native Jerk Ltd.,** Market Street. Echte Inselküche, originelles Ambiente. ❍❍

Hurricane Disco, im Breezes Hotel, Gloucester Ave., heiße Rhythmen aus der Konserve.

- **Margueritaville,** der freche, schrille In-Treff schon am späten Vormittag, Disko.
- **Pier 1,** freitags ist Partytime.
- **Great River Rafting:** romantische Floßfahrten mit Grillbuffet und Tanz.
- Festival: **Reggae Sumfest,** Ende Juli/Anfang August.

Ausflüge von MoBay

Die Stapel der Tourenprospekte in den Hotels signalisieren schon die Vielfalt der Sehenswürdigkeiten im Hinterland. Nicht verpassen sollte man ****Rose Hall Great House,** eines der schönsten historischen Plantagenhäuser Jamaikas (nahe dem Wyndham-Hotel, Taxis vom Zentrum). Um den schön restaurierten und liebevoll möblierten »Palast« rankt sich die Legende der »Weißen Hexe« Annie Palmer, einer früheren Hausherrin. Sie soll drei Ehegatten und zahllose schwarze Liebhaber auf dem Gewissen haben und deshalb bis heute als »Schloss«-Gespenst umgehen. Auch in ***Greenwood Great House** (8 km weiter östl.) erzählt die Führerin die Historie des Besitzes und seiner Geister, außerdem stellt sie die interessante Sammlung halb automatischer Musikinstrumente vor.

Knapp 20 Autominuten landeinwärts von ***Falmouth** liegt das neu renovierte ****Good Hope Great House,** ein exquisiter Herrensitz aus dem 18. Jh. mit zehn Gästezimmern im Kolonialstil (Tel./Fax 954-3289, Pool, Tennis und Ausritte zu Pferde; exzellente Küche, ❍❍).

Landeinwärts erstreckt sich das ursprüngliche ****Cockpit Country** mit den Kalksteinhöhlen *Windsor Caves. In den schwer zugänglichen Kalkbergen, die aus der Luft wie grüne Wattebäusche aussehen, gründeten im 17. Jh. entflohene Sklaven (*maroons*) Siedlungen, z. B. Accompong Town.

Tipp **Geführte Tagestouren** ins Cockpit Country und in die Maroon Towns bietet z. B. Accompong Maroon Tours, 32 Church Street, MoBay, Tel. 952-4546.

Von MoBay nach Ocho Rios

Die Straße nach Osten folgt weitgehend der Küste. ***Discovery Bay** (72 km) und ***Runaway Bay** (80 km) sind aufstrebende Feriensiedlungen mit weißen Stränden und Unterkünften aller Kategorien. In Discovery Bay soll Kolumbus 1494 erstmals an Land gegangen sein. »Zum Davonlaufen« (to run away) fanden vermutlich nur die geschlagenen Spanier 1658 die Runaway Bay, denn sie flüchteten von hier nach Kuba. Landeinwärts über Brown's Town und Alexandria führt die Straße in das Dorf **Nine Mile(s).** Hier

Seite 36

kam Bob Marley zur Welt, in einem Mausoleum liegt der 1981 verstorbene Reggae-König begraben. Schlicht gibt sich **St. Ann's Bay,** der Geburtsort von Marcus Garvey (s. S. 39).

Ocho Rios

Ocho Rios (108 km) verdankt seinen spanischen Namen »acht Flüsse« vermutlich einem Hörfehler, denn zunächst hieß das ehemalige Fischerdorf Las Chorreras (»Die Wasserfälle«). An der schönen ***Turtle Beach** und den Hotelstränden von »Ochie« – nach Einheimischenslang – treffen sich vorwiegend Kreuzfahrt-Landgänger und strandhungrige Kluburlauber. Die Stadt selbst, eine schnell gewachsene touristische *boomtown,* besitzt außer den schönen botanischen **Shaw Park Gardens** und **Coyaba Gardens** eine der bekanntesten Attraktionen der Insel: ****Dunn's River Falls** (s. S. 34).

Die Straße Richtung Kingston taucht wenig außerhalb der Stadt ein in das changierende Grün des ***Fern Gully.** Die mit Farnen bewachsene Schlucht hat nach wiederholten Hurrikanwunden langsam ihr ursprüngliches dichtes Pflanzenkleid zurückgewonnen.

Ocean Village Plaza, Shop 7, Tel. 974-2582/3, Fax 974-2559.

Jamaica Inn, Tel. 974-2514, Fax 974-2449. Vornehm, ruhig, an weißem Strand. ❍❍❍

Plantation Inn, Tel. 974-5601, Fax 974-5912. Kolonial angehaucht, leger und dennoch stilvoll, eigene Bucht. ❍❍❍

Sandals Ocho Rios und **Sandals Dunn's River,** Tel. 974-5691/974-0563, Fax 974-5700/974-1611. All-inclusive-Klubs für Pärchen; perfekt gemacht, viel Rummel, bestes Sportangebot. ❍❍❍

Little Pub Inn, 59 Main Street, Tel. 974-2324. Nettes Stadthotel, preiswert, viele Bars und Restaurants ums Eck. ❍❍

Shaw Park Hotel, Tel. 974-25 53, Fax 974-5042. Gehobene Mittelklasse, an weiter Bucht, herrliche Terrasse. ❍❍

Harmony Hall in Ocho Rios: Restaurant und Kunstgalerie

Bibibip's, 93 Main St. Nette Bar, liebevoll gedeckte Tische mit Meerblick. Besonders Abends sehr beliebt. ❍❍

Minnies, Mallards Bay, Tel. 974-0236. Bob Marleys Köchin tischt strandnah Fisch und Vegetarisches auf. ❍❍

Shakey's, Main Street, Tel. 974-2716. Fastfood; gute Pizza. ❍

Acropolis Disco, Main Street.

Silk's Disco, Shaw Park Hotel.

The Little Pub, s. o., Folkloreshows mit gutem Essen – auch mittags.

Jolly Roger Cruise, Tel. 974-2323, Party-Kreuzfahrt mit reichlich Rum und Musik.

Seite 36

Tagaus, tagein herrscht Hochbetrieb am Dunn's River

Harmony Hall. Kunst und nette Souvenirs in altem Gingerbread-Haus; auch Restaurant (❍❍).

Tipp Golf: **Sandals Golf Club** (18 Löcher), Tel. 975-0181.

- Reiten: **Chukka Cove Farm,** Tel. 972-2506.
- **Mountainbike-Touren** in den Blue Mountains, Tel. 974-7075.

Am Fall aller Fälle

Die 190 m hohen, begehbaren Kaskaden der ****Dunn's River Falls** (3 km westl. von Ocho Rios) sind weltberühmt und oft dementsprechend überlaufen. Einheimische Führer helfen beim massenhaften Hand-in-Hand-Kraxeln über rund geschliffene Felsen und schießen Erinnerungsfotos, während Souvenirverkäufer auf gute Geschäfte hoffen. Etwas Sinn für Humor und Kommerz vorausgesetzt, sollte man sich die tropische Dusche dennoch nicht entgehen lassen (Öffnungszeiten: tgl. 9–17 Uhr; Eintritt 7 US $; mit Umkleidekabinen und Schließfächern; Badesachen und Turnschuhe nicht vergessen).

Port Antonio und der Nordosten

Hellauf begeistert vom tropisch-grünen Nordosten Jamaikas war schon Mantel-und-Degen-Star Errol Flynn, den es in den 1940er Jahren auf einem Segeltörn hierher verschlug. Prompt kaufte er **Navy Island** und ließ sich auf dem winzigen Inselchen vor der Küste nieder. Für die Schönheit des Landstrichs sind vor allem die Blue Mountains verantwortlich, an deren Hängen sich die Passatwolken ausgiebig abregnen.

Tipp Führungen auf **Navy Island** unter Tel. 993-2667.

****Port Antonio,** seit dem späten 19. Jh. als wichtigster Bananenhafen der Insel bekannt, ist heutzutage eine Kleinstadt mit echt jamaikanischem Flair und einer heiteren, gelassenen Atmosphäre. Vom englischen Fort George (18. Jh.) auf Titchfield Hill stehen nur noch Ruinen. Interessant sind die alten Häuser am *Town Market (West Street) und das Gerichtsgebäude (Court House).

i City Centre Plaza, Tel. 993-3051, Fax 993-2117.

Schiffsverbindung: Navy Island.

Seite 36

Trident Villas, Tel. 993-2602, Fax 993-2960. Edle Suiten im karibisch-englischen Stil. ❍❍❍

Mocking Bird Hill, Tel. 993-7267, Fax 993-7133. Klein und geschmackvoll modern, über der Stadt gelegen, Pool, exzellente Küche; unter deutscher Leitung. ❍❍

Bonnie View Plantation, Tel. 993-2752, Fax 993-2862. Altes Haus, neue Anbauten; bester Blick über die Stadt. ❍❍

De Montevin Lodge, 21 Fort George St., Tel. 993-2604. Charmantes, etwas betagtes Stadthaus auf der Titchfield-Halbinsel; das Restaurant bietet traditionelle jamaikanische Küche. ❍❍

Daddy Dee's, West Street. Preiswert und typisch. ❍

Blue Lagoon, Fairy Hill, Tel. 993-8491. Herrlich oberhalb der gleichnamigen tiefblauen Bucht gelegen; jamaikanische Küche, Krustentiere, *jerk pork,* teils mit Livemusik. ❍❍

Weitere Lokale in den Hotels und an der Blue Lagoon.

Die populäre Disko in Port Antonio heißt: **The Roof Club** (West St.).

Tipp

Wandern: Schöne Halb- und Ganztagestouren in die Blue Mountains mit **Valley Hikes,** Tel. 993-3881. Reservierung auch im Hotel Mocking Bird Hill (s. o.). **Mountainbiking** s. S. 34.

****Rio Grande River Rafting:** Auf 10 m langen zweisitzigen Bambusflößen mit *raftsmen* (Flößern) kann man die tropische Natur bequem an sich vorüberziehen lassen, ja sogar unterwegs baden oder in Garküchen essen.

Rio Grande River Rafting auf Errol Flynns Spuren

Die zweistündige Fahrt beginnt bei Berridale und endet an der Flussmündung an der Bar **Rafter's Rest.** Gut zu verbinden mit einem Abstecher zu den nahen **Somerset Falls,** romantisch in einer Urwaldschlucht gelegenen Kaskaden.

Verlässt man Port Antonio auf der Küstenstraße Richtung Osten, verführen die bildschönen Badestrände ***Frenchman's Cove** (mit Eintritt, dafür sehr gepflegt) und Dragon Bay (auch Hotel-Restaurant) zu einer längeren Pause. An der ***Blue Lagoon** (auch: Blue Hole), einer bei Sonnenschein tiefblau leuchtenden, 70 m tiefen Bucht, lässt es sich entlang der steilen Felsen trefflich tauchen, schnorcheln und in einem rustikalen Restaurant einkehren.

Wer Lust auf herzhaftes *jerk pork* verspürt, fährt gleich geradeaus: Die Stände nahe dem kleinen ***Boston Beach** werden gerühmt für diese Grillspezialität aus Schweine- oder Hühnerfleisch mit atemberaubend scharfer Chilisoße.

Von hier führt die Straße über Manchioneal (Abstecher zu den ***Reach Falls;** Wasserfall mit natürlichem Badebecken) und Bath (Thermalquellen) nach Kingston (insgesamt 135 km).

Seite 36

**Negril

Das einstige Hippie- und Rastafari-Paradies an der Long Bay hat sich in den 1980er Jahren zum bedeutenden Ferienort gemausert. Der 12 km lange, schneeweiße ****Negril Beach,** einem naturbelassenen Sumpfgebiet, **The Great Morass,** vorgelagert, ist für Sonnenanbeter und Wassersportler schlicht eine Offenbarung. Negril besitzt zwar keinen gewachsenen Ortskern, dafür aber eine unübersehbare Zahl von Hotels. Am Strand verkaufen fliegende Händler einfach alles: Aloeblätter gegen Sonnenbrand, bunte T-Shirts, Muscheln und auch *Ganja* (s. S. 39).

Coral Seas Plaza,
Tel. 957-4243.

Charela Inn, Tel. 957-4648, Fax 957-4414. Familiäres Strandhotel mit guter Küche. ❍❍❍
▮ **Swept Away,** Tel. 957-4061/-5 Fax 4060. Pärchenklub der noblen Art, luftig, schöner Garten, bestes Sportangebot. ❍❍❍
▮ **Chippewa,** gegenüber Charela Inn, Tel./Fax 957-4676. Rustikale Bungalows, familiäre Atmosphäre. ❍❍
▮ **Negril Gardens,** Tel. 957-4408, Fax 957-4374. Familienfreundliche, sehr luftig gebaute Anlage am Wasser. ❍❍

Rick's Café und **Cool Runnings,** die Treffpunkte bei Sonnenuntergang. ❍–❍❍
▮ **Cosmo's Seafood,** Tel. 957-4330. Fisch und Meeresfrüchte werden am Strand serviert. ❍

Risky Business, Norman Manley Blvd., Tel. 957-3008: angesagter Nachtklub mit Live-Reggae oder DJ, Do–So.
▮ Livemusik u. a. in **De Bus, Alfred's Ocean Palace, Sam Sara.** Disko u. a. **Compulsion,** Negril Plaza.

Im Süden

Wer durch den touristisch weniger erschlossenen Südteil der Insel nach Kingston fährt (260 km), sollte sich in Black River der interessanten einstündigen Bootstour ****Black River Safari** anschließen (Abfahrten beiderseits der Brücke). Zwischen Mangroven und Schilfgewächsen leben nicht nur exotische Vogelarten, sondern auch ca. 80 Exemplare des seltenen Spitzkrokodils.

2 High Street,
Tel. 965-2074, Fax 965-2076.

Sattgrüne Vegetation umrahmt die ****Ys-Falls,** 19 km landeinwärts. Nach einer kurzen Traktorfahrt versprechen

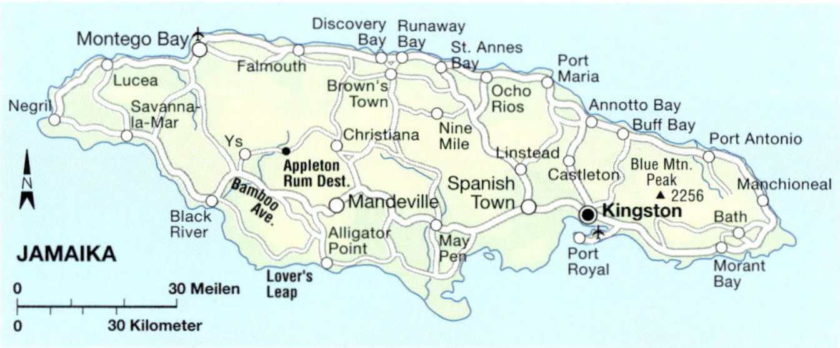

Seite 36

eine kleine Bar sowie die Kaskaden (mit Badeaufsicht) sprudelnde Erfrischung (an Feiertagen und zeitweise Mo geschlossen). Auf dem Weg nach Osten kühlt eine meterhohe Bambusallee – ***Bamboo Avenue*** – den Asphalt. Das ruhige ***Mandeville** (50 000 Einw., 640 m) zeichnet sich durch sein kühleres Klima und ein hübsches, englisch-koloniales Stadtzentrum aus. An die Spanier erinnert in ***Spanish Town,** der alten Hauptstadt (bis 1872), außer dem Namen nichts mehr. Die 1714 errichtete St. James Cathedral wie auch der *Park Square wirken »very british«.

Kingston

Die jamaikanische Metropole (ca. 750 000 Einw.) ist eine hektisch pulsierende Hafenstadt am Fuß der Blue Mountains. Kingstons Geschichte beginnt 1692, als Port Royal auf der vorgelagerten Palisadoes-Halbinsel von einem Erdbeben verwüstet wurde und sich die Überlebenden auf dem Festland ansiedelten. Aus dieser Zeit sind jedoch kaum Gebäude erhalten, denn ein weiteres Erdbeben zerstörte 1907 auch Kingston.

Das chaotische Stadtbild prägen heute moderne Zweckbauten neben spätkolonialen Wohnhäusern, Luxus neben trostloser Armut. Nobelviertel mit modernen Geschäftszentren und komfortablen Hotels liegen in den nördlichen Bezirken *(Uptown)*, während sich simple Holzhäuser und Hafenspelunken um das südliche Alt-Kingston *(Downtown)* gruppieren. Die westlichen Slums (Trench Town, Jones Town) sollten Touristen ohne einheimische Begleitung besser meiden. 2001 kam es dort zu Straßenschlachten zwischen kriminellen Banden und dem Militär.

Downtown

Das Herz von **Old Kingston** schlägt am alten Hafenbecken, obwohl inzwischen alle Schiffe an den neuen Kais von Newport West anlegen.

Gleich am Pier No. 1, von wo die Fähren nach Port Royal fahren, befindet sich der **Crafts Market** für Souvenirs von Kunst bis Kitsch. Auch Straßenhändler *(higglers)* versuchen mit Hartnäckigkeit und Witz, ihre Ware loszuschlagen.

Etwas weiter östlich am alten Hafen stößt man auf die ****National Gallery.** Die bedeutende Sammlung moderner Kunst aus Jamaika umfasst u. a. ausdrucksstarke Werke von Edna Manley, der Mutter von Ex-Premier Michael Manley (Öffnungszeiten: Mo–Fr 11 bis 16.30 Uhr). Das **Institute of Jamaica,** nördlich davon in der East Street, fördert seit dem Jahr 1879 Kunst und Wissenschaft. Bekannt ist das Institut in ganz Westindien wegen seiner umfangreichen Bibliothek.

Schiebt man sich durch die Hauptstraße, die quirlige King Street, durch die Menschenmassen weiter nach Norden, ist bald der ***St. William Grant Park** erreicht. Der Platz im Zentrum Downtowns heißt im Volksmund The Parade, weil zu kolonialen Zeiten hier die britische Armee exerzierte.

Lokales Kunsthandwerk findet man in Kingston am besten im **Jamaican Crafts Market** (Westende der Port Royal Street), Reggae-Plattenläden an der **Orange Street** (Ecke North Parade).

Uptown

Um in der weitläufigen Uptown (auch New Kingston) herumzukommen, sollte man einen Mietwagen haben oder sich einer organisierten Rundfahrt

Seite 36

Koloniale Pracht in Uptown Kingston: Devon House

anschließen. Die Aura alten Geldes umgibt das edle ****Devon House** an der Hope Road, eines der vielen kolonialen Herrenhäuser der Insel. George Stiebel, der erste schwarze Dollarmillionär der Karibik, erwarb sein Vermögen als Besitzer einer Goldmine in Venezuela und finanzierte so die Villa mit den teuren Möbeln (Öffnungszeiten: Di–Sa 9.30–17, So 11–16 Uhr).

Für den Mittagssnack bietet sich das **Terrassencafé** an. Abends serviert das **Devonshire** edle Gerichte bei Kerzenschein im romantischen Hof (s. S. 39).

56 Hope Road ist eine jamaikanische Kultstätte für Musikfreunde: das ehemalige Tonstudio **Tuff Gong,** heute ****Bob Marley Museum.** Zusammen mit seiner Band »The Wailers« war Bob Marley der unumstrittene Superstar und Botschafter des Reggae. Die Exponate dokumentieren seinen Aufstieg von der Jugend in den Slums bis zum afrokaribischen Nationalhelden. Der begnadete Musiker starb 1981 im Alter von nur 36 Jahren an Krebs. Die neuen **Tuff Gong Studios,** in denen heute u. a. Ziggy Marley und die Melodymakers produzieren, sind im Hafenviertel zu besichtigen (220 Marcus Garvey Drive).

Wer der Hope Road weiter in östlicher Richtung folgt, kann nach dem Souvereign Shopping Centre die **Hope Botanical Gardens** auf dem Grund einer alten Zuckerplantage besuchen (mit kleinem Zoo und Vergnügungspark für Kinder).

Südlich davon erstreckt sich auf dem Areal der früheren Mona- und Papine-Plantagen die renommierte **University of the West Indies** (gegründet im Jahr 1948). In ihren Hörsälen werden Studenten aus der ganzen Karibik ausgebildet.

Jamaica Tourist Board (JTB), 2 St. Lucia Ave., Tel. 929-9200, Fax 929-9375. Filiale am Flughafen. Post: 13 King Street.

Flughafen: Norman Manley Airport, 15 km vom Zentrum in Richtung Port Royal, Taxi 16–18 US $. USA, Europa, Montego Bay und innerkaribische Flüge. Für den Inselverkehr: **Tinson Pen Airfield,** westlich der Stadt.
Busstation: King St., Busse in alle Orte.

Jamaica Pegasus, 81 Knutsford Blvd., Tel. 926-3690, Fax 929-5855. Komfortabel, mit Pool und Ladenzeile. ❍❍❍
▮ **Terra Nova,** 17 Waterloo Road, Tel. 926-9334, Fax 926-4933. Moderne Zimmer, Restaurant, Garten. ❍❍
▮ **Four Seasons,** 18 Ruthven Road, Tel. 929-7655, Fax 929-5964. Attraktive Villa im Kolonialstil, deutsche Leitung, bekanntes Restaurant. ❍❍
▮ **Indies Hotel,** 5 Holborn Road, Tel. 926-2952, Fax 926-2879. Einfach, sauber und günstig. ❍

Blue Mountain Inn, Gordon Town Road, Tel. 927-1700. Karibisch-elegantes Plantagenhaus; reservieren! ❍❍❍

Seite 36

▮ **The Devonshire,** Devon House, 26 Hope Road, Tel. 929-7046. Schönes Gartenlokal, Meeresfrüchte und internationale Küche. ❍❍

▮ **The Grog Shoppe,** auch im Devon House, Tel. 929-7027. Preiswertes Traditionslokal im Pub-Stil. ❍❍

▮ **Hot Pot,** 2 Altamont Terrace, Tel. 929-3906. Populäres, äußerst preiswertes jamaikanisches Restaurant, netter Patio zum Draußensitzen, auch zum Mitnehmen in der Lunch-Box. ❍

Mirage, Souvereign Centre, 106 Hope Rd. In-Disko. In derselben Straße gibt es auch mehrere Kinos und Imbiss-Stände.

▮ **Godfather's,** 69 Knutsford Blvd., Diskothek.

▮ Reggae, Pop und Openair-Flair genießt man im **Countryside Club,** 19 Eastwood Park.

Tipp Zum Baden und Schnorcheln lädt ***Lime Cay** ein, eine kleine Insel vor Port Royal (mit Leihbooten erreichbar).

Rastafaris – back to the roots

Leaving Babylon into our fathers' land – so besang Bob Marley 1977 den Traum vom Exodus ins »Gelobte Land Afrika«. Die Rastafari-Bewegung, deren Jünger an der verfilzten Mähne *(dreadlocks)* erkennbar sind, geht auf eine Gruppe religiöser Sektierer in den Kingstoner Slums der 1920er Jahre zurück. Ihr charismatischer Anführer, **Marcus Garvey** (1887–1949), prophezeite die Heimkehr nach Afrika, sobald dort ein neuer König auftauchen würde. Als in Äthiopien sich ein gewisser Ras (»Herzog«) Tafari Makonnen 1930 zum Kaiser Haile Selassie krönen ließ, stand fest: Die Rückkehr ins Paradies Zion war nahe. Obwohl das Projekt »Back to Africa« niemals in die Tat umgesetzt wurde, gerieten seine Symbole nicht in Vergessenheit. Als in den USA der 1960er Jahre die Black-Power- und Hippie-Ära anbrach, kamen die rotgrüngoldene Flagge Äthiopiens und der Löwe von Juda, das Wappen Haile Selassies, zu neuen Ehren. Mit Hilfe ihres musikalischen Botschafters **Bob Marley** verbreitete sich die Lehre bald in ganz Westindien. Weil die soziale Gegenwart Afrikas wenig attraktiv erscheint, widmen sich die wenigen echten Rastas heute rein spirituellen Zielen.
Sie leben in Landkommunen, ernähren sich von Biogemüse, trinken keinen Alkohol und meditieren mit *ganja,* selbst gezogenem Marihuana. Ihre Ideale sind völlige Friedfertigkeit *(One Love),* der Glaube an den allmächtigen Gott *Jah* sowie gewaltloser Widerstand gegen moderne Hierarchien und falschen Fortschritt – gegen *Babylon.*

Seite 36

**Blue Mountains

Wer nach dem lauten Treiben in Kingston Ruhe braucht, ist in den Bergen gut aufgehoben.

Die an sonnigen Tagen empfehlenswerte Rundfahrt (120 km) auf ruppigen, engen Straßen führt zunächst über **Gordon Town** (300 m; Sangster's Likörfabrikation, Führung und Verkauf) nach **Guava Ridge** (1000 m), das malerisch inmitten kleiner Obstfelder liegt. Etwa auf 1000 m Höhe gedeiht eine der weltbesten Kaffeesorten, der aromatische Blue Mountain Coffee. Die **Mavis Bank Central Coffee Factory** (ca. 3 km östl. Guava Ridge, Anmeldung unter Tel. 977-8013) zeigt, wie aus den roten Bohnen ein duftendes Elixier wird.

Biegt man in Guava Ridge nach Norden ab, lädt bald darauf das Hotel **Pine Grove** (auch Restaurant, Tel. 922-8708, Fax 922-5895, ❍❍) wenigstens zu einem Blick über die Bergwelt ein.

Eine Erdpiste, die nach Regenfällen nur Geländewagen passieren können, führt weiter via St. Peter nach **Silver Hill** (Kaffeefabrik). Tropenflora und Bergpanoramen entschädigen für die Rüttelfahrt. Zurück nach Kingston schlängelt sich die Passstrecke via Hardwar Gap (1220 m; kleines Café).

Unterwegs passiert man den **Hollywell Park** (schöne Spazierwege), wo im neblig-feuchten Bergregenwald riesige Baumfarne wuchern. Die Picknickplätze werden am Wochenende von Kingstonians besucht.

In Irishtown knüpft das exklusive **Strawberry Hill** an die koloniale Bautradition an. Köstliche Gerichte werden auf der Terrasse mit Blick auf Kingston aufgetragen – allein dafür lohnt der Abstecher (Tel. 944-8400, Fax 944-8408, ❍❍❍).

Kühle Oase: In den Blue Mountains zeigt Jamaica sein zweites Gesicht

Blue Mountain Peak: Für die beschwerliche, vierstündige Königstour hinauf auf 2256 m sind robuste Schuhe und wetterfeste Kleidung obligatorisch. Wer den Gipfel wolkenfrei erleben will, sollte spätestens um 2 Uhr morgens aufbrechen (Taschenlampe nicht vergessen!).

Das ideale Basislager ist die einer Jugendherberge ähnliche **Whitfield Hall** (ca. 1 Std. mit Geländewagen ab Mavis Bank).

Bei John Algrove in Kingston unter Tel. 927-0986.

Maya Lodge, Jacks Hill, Kingston 7, Tel. 702-0314, Fax 927-6967. Einfache Unterkunft, vegetarische Küche, Tourenberatung und Vermittlung von kompetenten Führern. ❍

Seite 47

Puerto Rico

Fastfood mit Salsa

Beinahe schon USA, aber immer noch Lateinamerika – auf diesen einfachen Nenner lassen sich die zwei ungleichen Persönlichkeiten Puerto Ricos bringen. Neben Fastfood-Buden, Spielkasinos und Kettenhotels bleibt genug Raum für karibisches Flair: Unbeeindruckt von den Betonburgen im Touristenviertel Condado hat in Viejo San Juan altspanische Grandezza dem Einbruch der Moderne widerstanden. Welten liegen zwischen dem aufregenden Nachtleben in den hauptstädtischen Salsabars und der provinziellen Gelassenheit im Hinterland. Durch das tropisch-grüne Inselzentrum führt die Ruta Panorámica und erschließt die malerische Gebirgslandschaft der Cordillera Central.

Geschichte, Gesellschaft

Als Kolumbus die Insel 1493 sichtet, ist sie von Taíno-Indianern besiedelt, die ihre Heimat *Borinquén* nennen. 15 Jahre später erkundet der Conquistador Ponce de León, ein Andalusier, erstmals das Innere Puerto Ricos. Er gründet Caparra (nahe dem heutigen San Juan), die nach Santo Domingo zweitälteste europäische Siedlung der Neuen Welt.

Die »Kolonisierung« nimmt ihren Lauf, d. h. die Urbevölkerung wird ausgerottet und durch afrikanische Arbeitskraft ersetzt. Bald entbrennt zwischen den europäischen Mächten der übliche Wettlauf um Vorherrschaft und neue Märkte: 1595 kreuzt Francis Drake vor Puerto Rico auf, wird aber zurückgeschlagen. Auch allen weiteren Invasionsversuchen durch Engländer und Niederländer trotzen die Spanier, indem sie San Juan zum mächtigsten Bollwerk Amerikas ausbauen.

1897 gewährt Spanien der Insel weit gehende Selbstständigkeit, ein Jahr später wird sie nach dem Spanisch-Amerikanischen Krieg den USA zugesprochen. 1917 erhalten die Puertoricaner die amerikanische Staatsbürgerschaft; die Vereinigten Staaten verwalten die Insel, gliedern sie aber nicht ihrem Territorium an. Seit 1952 spricht sich die Bevölkerung in Volksentscheiden wiederholt für den Status des *Associated Free State* aus. Im Washingtoner Kongress vertritt ein Abgeordneter ohne Stimmrecht Puerto Rico.

Böse Zungen behaupten, der Puertoricaner sei direkt »aus der Bananenstaude in den Cadillac« geschüttelt worden. Wirtschaftlich profitiert der Freistaat tatsächlich stark von der

Puerto Rico

- **Steckbrief:** 8897 km², 3,6 Mio. Einw., zu 75 % spanischstämmig. Englisch als Amtssprache, Spanisch im Alltag, insbesondere außerhalb San Juans. Währung: US $.
- **Attraktionen:** Kolonialzeitliche Architektur, tropische Berglandschaften und schöne Badestrände, American Way of Life und südamerikanische Unbeschwertheit.
- **Unterhaltung/Sport:** ***Baden, ***Musik, Nachtleben, **Wandern, ***Golf.
- **Infos:** Eifelstr. 14 a, 60529 Frankfurt/M., Tel. (0 69) 35 00 47, Fax 35 00 40, www.prtourism.com

Seite 45

Zollunion und den Subventionen aus dem Norden. 85 % aller Waren (z. B. Textilien, Rum) importiert das US-Festland, 95 % der Touristen stammen von dort und in New York leben heute mehr Puertoricaner als in der Inselhauptstadt. Kulturell überwiegt dennoch der Wille zur Eigenständigkeit: Man spricht Spanisch und pflegt lateinamerikanische Lebensart.

**San Juan

Im Herzen der ***Altstadt

Puerto Ricos Hauptstadt (1 Mio. Einw.) ist aufgrund der ausgezeichneten Flug- und Schiffsverbindungen auch eine Metropole der Karibik. Die denkmalgeschützte Altstadt (Old San Juan, Viejo San Juan) erstreckt sich auf einer schmalen Landzunge zwischen dem Atlantik und der weiten Hafenbucht. Ein komplett erhaltener Befestigungsring *(La Muralla)* aus dem 16. und 17. Jh. umgibt das historische Zentrum.

Dass die Stimmung in Viejo San Juan keineswegs museal ist, beweist spätestens der Bummel durch das muntere **Nachtleben.**

Den Eingang zur Altstadt markiert die **Plaza Colón** mit der Kolumbusstatue von 1893. Über die steil nach rechts ansteigende Calle Norzagoray gelangt man schnell zum ***Fuerte San Cristóbal.** Von dem 1766–1772 erbauten Fort ergibt sich ein schöner Blick über die Altstadt. In ihrem Herzen liegt die belebte ***Plaza de Armas,** im 16. Jh. nach spanischem Vorbild angelegt.

Vorbei am ***Museo del Indio,** wo in einem sehenswerten Patiobau präkolumbische Fundstücke präsentiert werden, kommt man durch die Calle San José zur gotischen ***Catedral de San Juan Bautista ❶**. Die mehrfach restaurierte Kathedrale geht auf einen Steinbau von 1540 zurück. In der Seitenkapelle ruhen die Gebeine von Juan Ponce de León, dem ersten Inselgouverneur.

El Patio de Sam, 102 San Sebastián St., Tel. 723-1149. Relaxte Atmosphäre, karibische Küche und tropische Drinks, oft mit Livemusik. ❍❍

Plaza San José und Umgebung

Durch schlichte Schönheit und das strahlende Weiß ihrer Fassade beeindruckt die ***Iglesia San José ❷** (1523), eine der ältesten Kirchen der Neuen Welt. Den gleichnamigen Platz schmückt die Statue von Ponce de León. Die ***Casa de los Contrafuertes** (span. Stützpfeiler) kann, dank des namensgebenden Gebälks, als ältestes Privathaus gelten. Es stammt von 1715, während das Apothekenmuseum im Parterre neueren Datums ist. Freunde klassischer Musik wird das **Museo Pablo Casals** mit Dokumenten zu Leben und Werk des weltberühmten katalanischen Cellovirtuosen interessieren. Casals (1876–1973) verbrachte die letzten Jahre seines Lebens in Puerto Rico. In den ***Convento Santo Domingo** (meerwärts gelegen) ist das puertoricanische Kulturinstitut eingezogen. Zum Programm gehören Ausstellungen sowie Theater und Konzerte (Tel. 724-0700).

Entlang der Stadtmauer

Mit herrlicher Sicht über die atlantische Brandung gelangt man weiter zur Landspitze. Zwischen Friedhof und Fuerte San Cristóbal hat sich das nur von ferne malerisch erscheinende Ar-

San-Juan-Mix: US-Karossen und koloniale Eleganz

TOYOTA

Seite 45

Wie ein steinerner Sporn ragt die Festung El Morro ins Meer

menviertel La Perla hineingezwängt; Touristen sollten es meiden.

An der 1992 eingeweihten ***Plaza del Quinto Centenario** ❸ wird den »Entdeckungen« Kolumbus' auf postmoderne Weise gedacht: Die Betonfläche rund um den Obelisk *(El Totem Telúrico)* aus indianisch anmutenden Tonscherben nutzen junge Puertoricaner für artistische Übungen auf Skateboards und Rollschuhen.

Über ein freies Feld führt ein kurzer Fußweg zum ****Castillo de San Felipe del Morro.** Wie ein gewaltiger steinerner Sporn ragt das 43 m hohe Kastell mit den bis zu 6 m dicken Wehrmauern ins Meer hinaus. Atemberaubend ist der Rundblick von den verschiedenen Ebenen des Kastells. Besonders schön zu beobachten sind Bananendampfer und Kreuzfahrtschiffe, die gerade ankommen oder sich aus der weiten Bahía de San Juan schleppen lassen.

Verlässt man das Fort in Richtung des ehemaligen Pulvermagazins (mit Schornstein), lässt sich von dort die Landzunge entlang der Stadtmauer umrunden.

Die ***Casa Blanca** ❹, das »weiße Haus«, wurde 1521 als Stadtpalast Ponce de Leóns erbaut und blieb 250 Jahre lang in Familienbesitz. Heute historisches Museum, zeigt es auch Modelle indianischer Wohn- und Kultstätten. An eine Legende aus dem Jahr 1797 erinnert das Denkmal an der ***Plazuela de la Rogativa** ❺: Englische Belagerer sollen damals die Kerzenlichter einer Bittprozession (span. *rogativa*) für eine anrückende Armee gehalten und die Flucht ergriffen haben. Am Stadttor **Puerta de San Juan** ❻ wurden einst hohe Würdenträger nach der Überfahrt aus Spanien empfangen und zum Dankgottesdienst geleitet. Außerhalb des Tores führt die Promenade ***Paseo de la Princesa** (Infobüro im ehemaligen Gefängnis) bis zum Kreuzfahrthafen.

***La Fortaleza** ❼, der Gouverneurspalast, entstand auf den Fundamenten der ältesten Festung der Stadt (von 1540). Gegenwärtig kann lediglich der prächtige Garten des Komplexes besucht werden.

Die Geschäfte in der Gegend um **Calle Fortaleza/Calle Cristo** bieten sich zu einem ausgiebigen Bummel an. Hübsche Andenken sind z. B. die bunten Masken der Künstlerfamilie Ayala aus Loíza und die Heiligenfiguren *(santos)* des Schnitzers Angel Botello. Einer der schönsten Läden für Schnitzereien: **Puerto Rican Arts and Crafts** (204 Fortaleza St., Tel. 725-5596).

Am Südende der Calle Cristo befinden sich das **Museo de Bellas Artes** (puertoricanische Malerei), die **Casa del Libro** (Buchmuseum) und der kleine ***Parque de las Palomas** ❽ (wunderschöner Blick auf den Hafen).

Besuch der ***Bacardi Distillery** (Cataño; ❍) mit Kostprobe; Mo–Sa, Tel. 788-1500.

i 2 Paseo la Princesa, Tel. 800-223-6530. Magazin

Seite 45

»Qué Pasa«, Zeitung »San Juan Star« (engl.).

Flughafen: **Isla Grande,** kleine Maschinen.
Busstation: Plaza Colón (Metrobus für Großraum San Juan).
Fähre nach Cataño alle 30 Min. von Pier 2, Hafenrundfahrten.

Wyndham Old San Juan, 100 Brumbaugh St., Tel. 721-5100, Fax 721-1111. Komfort im neokolonialen Look; im historischen Zentrum gelegen. ❍❍❍
▮ **El Convento,** 100 Cristo, Tel. 723-9020, Fax 721-2877. Ehemaliges Kloster, neu renoviert, zentrale Lage; erstklassiger Service, hübscher Innenhof, Pool. ❍❍❍

La Mallorquina, 207 San Justo, Tel. 722-3261. Ein Muss: traditionelle deftige Küche in einem der ältesten Lokale der Karibik. ❍❍
▮ **La Bombonera,** 259 San Francisco, Tel. 722-0658. Typisch und turbulent, ideal fürs Frühstück. ❍

Viele Kneipen an der Plaza San José, beispielsweise das **Rumba-Café, Nono's Bar** (oft Livemusik), **Amadeus** und andere.

Außerhalb der Altstadt

Im imposanten Kuppelbau des **Capitolio** tagt das Parlament Puerto Ricos. Gegenüber dem kleinen Fort **San**

❶ Catedral de San Juan Bautista
❷ Iglesia San José
❸ Plaza del Quinto Centenario
❹ Casa Blanca
❺ Plazuela de la Rogativa
❻ Puerta de San Juan
❼ La Fortaleza
❽ Parque de las Palomas

Seite 45

Gerónimo (1788) erstreckt sich die Meeresbucht **Laguna Condado.** Auf der Halbinsel davor liegt der gleichnamige Hotelbezirk, der stellenweise wie ein »Little Miami« wirkt. Die schöneren Strände (mit Korallenriff **Boca de Cangrejos**), die eleganteren Hotels und Spielkasinos findet man heute weiter westlich im Stadtteil Isla Verde.

Tipp: die volkstümlichen Garküchen des ***Centro Playero** (1 km westl. des Holiday Inn).

Flughafen: Luis Muñoz Marín (Isla Verde), weltweite Verbindungen. Taxi nach Old San Juan ca. 15 US $.

San Juan Grand Beach Resort, Av. Isla Verde, Tel. 791-6100, Fax 791-8525. Luxus im Las-Vegas-Look, Kasino. ○○○
▮ **Condado Plaza,** 999 Av. Dr. Ashford, Tel. 721-1000, Fax 721-4613. Großhotel am Anfang von Condado. ○○○
▮ **Caribe Hilton,** Puerta de Tierra, Tel. 721-0303, Fax 725-8849. Klassisches Resort zwischen Altstadt und Condado. ○○○
▮ **Empress Oceanfront,** Amapola 2, Isla Verde, Tel. 791-3083, Fax 791-1423. Am Meer, relaxte Atmosphäre. ○○
▮ **Canario Inn,** 1317 Av. Dr. Ashford. Tel. 722-3861, Fax 722-0391. Simpel und freundlich, mitten in Condado. ○○

Ajili Mojili, Condado Lagoon Hotel, Tel. 725-9195. Gehobene lokale Küche. ○○
▮ **Metropol,** Ruta 37, Isla Verde, Tel. 791-4046. Deftige kubanische und puertoricanische Spezialitäten. ○○

Live-Salsa: **Jet-Set Club,** gegenüber dem San Juan Grand Beach.

Tipp Tauchen: **Mundo Submarino,** Laguna Gardens Mall, Tel. 791-5764, Fax 791-5764.
▮ Hochseefischen: **Benitez Fishing Charters,** Tel. 723-2292, Fax 725-1336.

Tagesausflug

Am Flughafen vorbei führt die Ruta 187 zunächst entlang der einsamen, von Palmen gesäumten ***Playa Torrecillas** nach **Loíza Aldea** (27 km). Der verschlafene Ort ist bekannt für sein von Afrika inspiriertes Brauchtum.

Über die steil ansteigende Ruta 191 gelangt man zügig in die Bergregion der Sierra de Luquillo (Luquillo Beach, s. S. 48). Die dichte Tropenvegetation aus Baumfarnen, Bambus und bis zu 30 m hohen Tabonuco-Bäumen im ****Nationalpark El Yunque** profitiert von den dort ganzjährig starken Niederschlägen (oft nachmittags!). Schöne Wanderpfade durch den Regenwald beginnen oberhalb des Wasserfalls ***La Coca** nahe dem Besucherzentrum, wie z. B. El Yunque Trail, der in etwa 1 Std. zum Aussichtsturm ***Britton Tower** (Blick über Wald und Küste) führt.

Inselrundfahrt

San Juan → **Ponce → Boquerón → *Mayagüez → Arecibo → San Juan (ca. 340 km, 2–3 Tage ohne → **Ruta Panorámica)

**Ponce

Die zweitgrößte Stadt (200 000 Einw.; 112 km) erreicht man auf der Autopista 52 (geringe Maut) in ca. 1 Std. Ihre Hauptattraktion sind die pastellfarbenen Art-déco-Fassaden aus den 1920ern im historischen Zentrum nahe der Fußgängerzone ***Paseo Atocha.** An der ***Plaza de las Delicias** mit der Kathedrale **Nuestra Señora de Guadalupe** und dem kuriosen rot-schwarz-gestreiften Feuerwehrhaus ***Parque de Bombas** (1882) stehen kostenlose Trolley-Busse zur Stadtrundfahrt bereit.

Das sehenswerte ***Museo de Arte** (Av. Las Américas) zeigt u. a. Werke von Rodin, Murillo und einheimischen Künstlern. 15 km nördlich der Stadt lohnt sich der Besuch der historischen Kaffeeplantage ***Hacienda Buena Vista** (Öffnungszeiten: Fr–So nach Voranmeldung, Tel. 722-5882).

i Fox Delicias Mall, 1. Stock, Tel. 840-5695.

Ponce Hilton, Villa del Carmen, Tel. 259-7676, Fax 259-7674. Am Meer. ○○○

Meliá, Pl. las Delicias, Tel. 842-0260, Fax 841-3602. Traditionshotel mit hübschem Foyer, einfache Zimmer. ○○

El Ancla, 9 Av. Hostos, Tel. 840-2450, Meeresfrüchte und internationale Küche. ○○

Lupita's, 60 C. Isabel, Tel. 848-8808. Mexikanische Spezialitäten. ○○

Tipp Landestypische, preiswerte Gasthäuser im Hinterland haben sich als *paradores* (Hotels) und *mesones* (Restaurants) zusammengeschlossen (Infos und Adressen beim Verkehrsamt).

La Parguera und Boquerón

In der Südwestecke der Insel, beiderseits des **Cabo Rojo,** machen Puertoricaner Ferien – entsprechend lustig und laut wird es am Wochenende im Fischerdorf **La Parguera** (auch exzellente Tauchmöglichkeiten).

5 km östlich kann man in mondlosen Nächten ein Phänomen beobachten, das in der Karibik mehrfach auftritt: Leuchtende Mikroorganismen im Wasser bringen die ****Bahía Fosforeszente** regelrecht zum Glühen (Bootstouren 19.30–23 Uhr).

Villa Parguera Parador, Tel. 899-7777. Familienhotel (s. o.) direkt am Meer. ○○

Wer gerne Austern *(ostiones)* schlürft, mag **Boquerón:** Das Dorf feiert im Juni sogar eine Fiesta zu Ehren der glibberigen Schalentiere. ****Boquerón Beach,** eingebettet in die Berge der Sierra Bermeja, zählt zu den attraktivsten Badestränden der Insel.

Parador Boquemar, Tel. 851-2158, Fax 851-7600. Einfaches Hotel und Restaurant, beliebt bei Einheimischen. ○○

Seite 47

An der **Ruta Panorámica

In *__Mayagüez__ (100 000 Einw.; 65 km von Ponce), der drittgrößten Stadt der Insel, beginnt die Ruta Panorámica genannte Landstraße. Sie verläuft entlang des Hauptkammes der Cordillera Central quer durch die Insel. Für die Reise durch Kaffeeanbaugebiete und Regenwald kalkuliert man mind. zwei Tage. Auf der Strecke liegt die ***Reserva Forestal Toro Negro** mit lauschigen Picknickplätzen mitten im Bergwald.

Von Rincón zur *Playa de Dorado

Bei Rincón und am brandungsreichen Westkap ***Punta Higüero** zeigen Wellenreiter gerne ihr Können.

Horned Dorset Primavera, Tel. 823-4030, Fax 823-5580. Einsam gelegenes Juwel, stilvolle Einrichtung, Pool, kleiner Strand. OOO

Arecibo, den freundlichen Küstenort am Atlantik, kennt man vor allem wegen seines turbulenten Karnevals. 20 km südlich verbirgt sich im karstigen Bergland ein weitläufiges Höhlensystem, der ****Río Camuy Cave Park** (Öffnungszeiten: Di–So 8–16 Uhr). Östlich davon arbeiten Astronomen am größten Radioteleskop der Welt, dem

Waren die Taíno Fußballer? Die Kultstätte von Caguana

***Observatorio de Arecibo** (Öffnungszeiten: Di–Fr 14–15, So 13–16.30 Uhr). Der ***Parque Ceremonial Indígena Caguana** (12 km westl. von Utuado) gibt Forschern noch Rätsel auf: Vermutet wird, dass sich auf den von Steinplatten umrahmten länglichen Feldern im 13. Jh. Taíno-Indianer zu rituellen Ballspielen versammelten. Auf dem Weg nach San Juan (30 km) lohnt sich die Badepause an der **Playa de Dorado.**

El Luquillo – das karibische Freibad

Wer echt puertoricanisches Strandleben kennen lernen will, kommt um das ****Balneario Playa de Luquillo** (49 km östl. von San Juan) kaum herum: Am Wochenende versammeln sich an der feinsandigen Palmenbucht Horden Erholung suchender Großfamilien in Feiertagslaune, ausgestattet mit Bier und Rum aus der Kühlbox. Alles ist bestens organisiert: Megaparkplatz, Umkleidekabinen, Schließfächer und Bademeister, die nach verloren gegangenen Kindern suchen. In 60 durchnummerierten *quioscos* an der Hauptstraße werden herzhafte Happen und *piña colada* hektoliterweise ausgegeben, abends oft bei Merengue und Salsa live. Montags hat das »karibische Freibad« Ruhetag; dann rücken Putzdienst und Müllabfuhr an.

Seite 51

Virgin Islands

Jungfern mit sonnigem Gemüt

Schon Kolumbus kreuzte zwischen den rund 100 Eilanden östlich Puerto Ricos, nahm es aber mit dem Zählen nicht so genau: So benannte er die Inselgruppe nach den legendären 11 000 Jungfrauen, die der hl. Ursula in den Tod gefolgt sein sollen. Danach gab es kaum eine Kolonialmacht, die die Jungferninseln nicht zeitweilig besessen hätte, selbst das Totenkopfemblem Captain Blackbeards flatterte hier im Wind. 1917 kauften die USA den damals dänischen Anteil, um den Panamakanal strategisch zu sichern. Die British Virgin Islands sind seit dem 18. Jh. Kronkolonie geblieben, wenn auch mit einem hohen Maß an Selbstbestimmung.

United States Virgin Islands (USVI)

1,8 Mio. Touristen jährlich besuchen die kleinen USVI (106 000 Einw.), vor allem Kreuzfahrtpassagiere aus Nordamerika. Für sie besonders attraktiv sind die zollfreien Hafenzonen und das stark auf US-Bedürfnisse zugeschnittene Unterhaltungsangebot. Tauchsportler und Segler finden ebenfalls sehr gute Bedingungen vor. Während der Trubel auf St. Thomas und St. Croix oft keine Grenzen kennt, schätzen Naturfreunde St. John gerade wegen seiner Ruhe und Abgeschiedenheit.

St. Thomas

Der Kreuzfahrthafen von St. Thomas (53 000 Einw.) ist eines der quirligsten Touristenzentren der Karibik. ***Charlotte Amalie,** der terrassenförmig angelegte Hauptort (12 000 Einw.), wirkt im Gedränge konsumwütiger Tagesbesucher gelegentlich wie ein großes Einkaufszentrum. Nicht zu übersehen sind dennoch die adretten Kolonialhäuser im dänischen Stil. Direkt an den Kais liegen das **Abgeordnetenhaus** (Legislature Building) und ***Fort Christian** (mit kleinem Museum), das 1678 fertig gestellt wurde. Zu den ältesten Gebäuden der Stadt zählen auch die **Frederick Lutheran Church** (1826) sowie **Gouvernment House** (1867), der Sitz des Inselgouverneurs.

Die **Main Street** von Charlotte Amalie, eine regelrechte Duty-free-Meile, trägt wie alle Straßen noch ihren zweiten, dänischen Namen: Dronningensgade.

Von der Terrasse des Traditionshotels ***Galleon House** (Tel. und Fax 774-6952) öffnet sich eine herrliche Aussicht über Stadt und Hafenbucht.

US Virgin Islands

- **Steckbrief: St. Croix** 218 km^2, **St. Thomas** 83 km^2, **St. John** 52 km^2. Insgesamt 105 000 Einw.; Landessprache: Englisch; Währung: US $.
- **Attraktionen:** Strände, Unterwasserparks, Regenwald auf St. Croix und St. John.
- Unterhaltung/Sport: ***Golf, **Tauchen, **Baden, **Segeln, **Einkaufen.
- **Infos:** P. O. Box 6400, St. Thomas, US Virgin Islands, Tel. 774-8784, Fax 774-4390, www.usvi.org

Seite 51

The 99 Steps sind eigentlich 103 Stufen und steigen steil an bis zum **Crown House,** der ehemaligen Residenz des dänischen Statthalters. Oberhalb vom Crown House erinnern die Ruinen des Bluebeard's Castle an den gefürchteten Freibeuter »Bluebeard«, der hier im Kreise seiner 14 Frauen gehaust haben soll (heute Hotel-Restaurant).

Wenige Kilometer nordöstlich von Charlotte Amalie lockt der submarine Naturpark ****Coral World.** In einer 4,25 m unter dem Meeresspiegel liegenden Beobachtungsstation ermöglichen Panoramafenster einen bequemen Blick auf Meeresflora und -fauna. Dank dicker Glasscheiben bleibt sogar die Begegnung mit Barrakuda, Hai und Rochen absolut risikolos.

Eines der beliebtesten Fotomotive auf den USVI ist der 2 km lange Sandstrand der ****Magens Bay.** Da die ganze Bucht unter Naturschutz steht, darf im Umkreis nicht gebaut werden.

Auf dem Rückweg von Magens Bay ins Landesinnere passiert man den von Kreuzfahrt-Landgängern viel frequentierten Aussichtspunkt ***Drake's Seat.** Der Legende nach soll Francis Drake sich hier nach Raubzügen gerne niedergelassen haben, um seine Schiffe zu zählen.

Ein weiterer Höhepunkt von St. Thomas befindet sich im hügeligen, einsameren Nordwesten: Vom 450 m hohen ***Mountain Top** (Bar, Souvenirläden) reicht der Blick über 19 der umliegenden Virgin Islands.

Tipp **U-Boot-Tour** mit Atlantis Submarine, Havensight Mall 6, Tel. 776-5650.

i West Indian Company Dock, Tel. 774-8784, Fax 774-4390.

Flughafen: Cyril E. King International, 4 km (Taxis). Karibik, USA.

Bluebeard's Castle ist heute ein Hotel

Schiffsverbindungen: St. John, Tortola/BVI.

The Ritz-Carlton, Great Bay, Tel. 775-3333, Fax 775-4444. Luxuriös, amerikanisch. ○○○
- **Secret Harbour,** 6280 Est. Nazareth, Tel. 775-6550, Fax 775-1501. Schöne Strandlage, eigene Tauchstation. ○○○
- **Bluebeard's Castle,** Tel. 774-1600, Fax 774-5134. Originelles Stadthotel um einen Wehrturm von 1689. ○○
- **Island View Guesthouse,** Crown Mtn., Tel. 774-4270, Fax 774-6167. Großartige Sicht von der Terrasse; freundlich. ○○

The Greenhouse, Tel. 774-7998. Fisch und Steaks an der historischen Waterfront von Charlotte Amalie. ○○
- **Virgilio's,** Main Street, Charl. Am., Tel. 776-4920. Bar, Café und Restaurant – alles italoamerikanisch. ○○

Tipp Tauchzentrum: **Sapphire Beach Resort,** Tel. 775-6100.
- **Golfplatz:** Mahogany Run (18 Löcher), Tel. 777-6006.

Seite 51

St. Croix

Der Name der größten Jungferninsel (57 000 Einw.) spricht Bände: Die Spanier nannten sie »Santa Cruz« (Heiliges Kreuz), die Franzosen Sainte-Croix, heute amerikanisch-salopp *sänt-kroi* ausgesprochen. Und weil alle Kolonisten, auch Dänen und Niederländer, ihre Spuren hinterließen, gleicht die Hauptstadt ***Christiansted** einem europäischen Museumsdorf in den Tropen: Verwinkelte Gassen, schmiedeeiserne Türen, biedere Vorgärten mit blühenden Bougainvilleen und liebevoll bemalte Fassaden. Dank zahlreicher Strände in der Umgebung ist die Stadt das touristische Zentrum der Insel.

Im **Old Scalehouse** von 1856 wurde einst Handelsware gewogen, heute beherbergt es das Verkehrsbüro. ***Fort Christiansvaern** (an der Hafenpromenade), mit alten Kanonen und Kerker, errichteten die Dänen 1738. Gegenüber kann man im ***Steeple Building** ein kleines Museum zur Siedlungsgeschichte besichtigen, darunter auch Objekte der Arawak und der Kariben. Eines der prächtigsten Gebäude ist ***Gouvernment House** (1747) mit historischem Ballsaal.

Die besten Adressen für den Einkaufsbummel lauten: **Company** und **King Street.**

Die Gewässer bei ****Buck Island,** 8 km vor Christiansted (Schiffsverbindung), gelten als einziger Untermeeresnationalpark der USA. In 4–5 m Tiefe können Taucher und Schnorchler dort in glasklarem Wasser zwei beschilderten *Underwater Trails* durch zauberhafte Korallenwälder folgen. Es stehen auch Boote mit Glasboden bereit.

Kreuzfahrtschiffe gehen in der Hafenbucht von ***Frederiksted** (3500 Einw.; 26 km von Christiansted) mit seinen schmucken Backsteinhäusern im englisch-viktorianischen Stil vor Anker. Nördlich von Frederiksted führen zwei Straßen durch dichten Regenwald: Die ***Scenic Road West** (No. 78, nur für Geländewagen) sowie die ***Mahogany Road** (No. 76). Als Paradestrand der Insel wird ****Davis Bay** gehandelt, die sich an das Waldgebiet im Norden anschließt. Vom schnurgerade nach Christiansted führenden Queen Mary Highway sollte man einen Abstecher zum ****Whim Greathouse** einplanen. Das Plantagenhaus (18. Jh.) mit Zuckerrohrmühle erlaubt einen in-

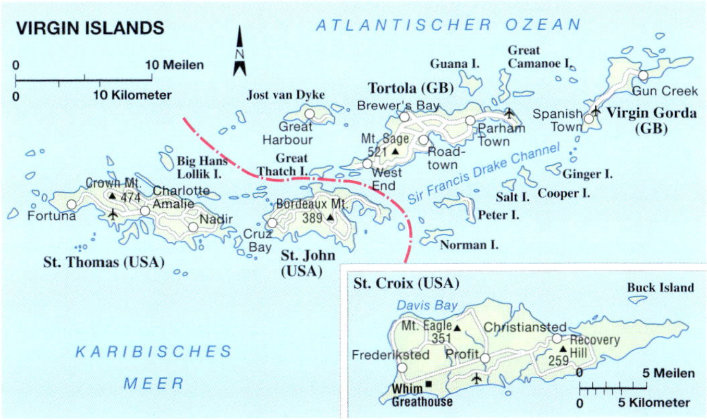

Seite 51

Mangroven säumen viele Küsten

teressanten Einblick in den Arbeitsalltag der Kolonialzeit (Öffnungszeiten: Mo–Sa 10–17 Uhr).

Tipp Die Entstehung edlen Rums erklären Touren durch die **Cruzan Rum Factory** (nahe dem Flughafen).

Old Scalehouse, Christiansted, Tel. 773-0495.

Flughafen: Alexander Hamilton, 15 km westl. Christiansted; Seaplane Base für Wasserflugzeuge.

Sunterra Carambola Beach Resort, North Shore, Tel. 778-3800, Fax 778-1682. Erste Klasse an der Davis Bay. OOO
- **Cormorant Beach Club,** Tel. 778-8920, Fax 778-9218. Hübsche Villen. OOO
- **Hibiscus Beach,** Tel. 773-4042, Fax 773-7668. Kleineres Haus, gut gelegen. OOO
- **The Pink Fancy**, 27 Prince St., Christiansted, Tel. 773-8460, Fax 773-6448. In historischem Stadthaus. OO

Badefreuden auf St. John

Tutto Bene, Company St., Tel. 773-5229. Lebhaftes Café, italienischer Touch. OO
- **Lunchería,** Company St., Christiansted. Populäres Openair-Lokal. OO

St. Croix Jazz and Art Festival (Mitte Okt.).
- **Two plus Two,** Northside Rd., Christiansted, beliebter Nachtklub, am Wochenende auch mit Livegruppen.

Tipp Tauchen mit **VI Divers Ltd.,** PanAm Pavilion, Christiansted, Tel. 773-6045.
- Golf: **Carambola Golf Club,** Tel. 778-5638.

St. John

Nur 4,5 km vom betriebsamen St. Thomas entfernt tut sich eine andere Welt auf: Zwei Drittel der 15 km langen und 8 km breiten Insel St. John stehen seit 1956 als **Virgin Islands National Park** unter Naturschutz. Von ca. 3000 Einwohnern leben die meisten als Fischer und Pensionäre. Die Fähren von St. Thomas und Tortola (BVI) legen in Cruz Bay an. Die Verwaltung des Nationalparks organisiert Führungen durch den Regenwald. Den Besuch lohnen auch die Ruinen der ***Annaberg Sugar Plantation** und vor allem die herrlichen Badestrände an ***Caneel Bay** und ****Trunk Bay** (mit Tauchlehrpfad).

Seite 51

i Cruz Bay,
Tel. 776-6450.

Schiffsverbindungen: St. Thomas, Tortola.
Flugverbindungen: Wasserflugzeuge zu den Nachbarinseln.

Caneel Bay, Tel. 776-6111, Fax 693-8280. Einsam und nobel, garantiert ohne TV und Telefon. ❍❍❍
▪ **Gallows Point,** Cruz Bay, Tel. 776-6434, Fax 776-6520. Ferienwohnungen in komfortablen Holzhäusern. ❍❍❍
▪ **Raintree Inn,** Cruz Bay, Tel./Fax 693-8590. Einfaches, nettes Gasthaus (nur für Nichtraucher). ❍❍

Morgan's Mango, Tel. 693-8141. Karibische Küche. ❍❍
▪ **The Lime Inn,** Tel. 776-6425. Fisch, Hummer, Pasta – populär und gut. ❍❍

British Virgin Islands (BVI)

Wassersportler können sich auf den BVI richtig austoben, denn zum Segeln und Tauchen sind die Bedingungen schlicht ideal. Ansonsten schonen Ferien auf Tortola, Virgin Gorda oder Anegada die Nerven. Um dies zu illustrieren, zählt das Verkehrsamt gerne jene Dinge auf, die es dort *nicht* gibt: Verkehrsampeln, Hochhäuser, Fastfood-Lokale und Diskos ...

Tortola

Wer die Hauptinsel (13 000 Einw.) mit dem Wagen erkundet, lernt ihre herausragenden Eigenschaften schnell kennen: Ihr Inneres ist zerklüftet und bergig, die Straßen sind unglaublich steil und eng. Vom ehemals üppigen Bewuchs sind nur magere Reste übrig. In ***Roadtown** (8900 Einw.), der Kapitale der Kronkolonie, gibt es außer Unmengen von T-Shirts auf dem Markt, einigen Geschäften entlang der Main Street, einem kleinen Museum und zwei alten Forts nicht viel zu sehen.

Die Küstenstraße nach Westen passiert das vorgelagerte Inselchen **Nanny Cay** (mit Hotel und Hafen) sowie das niederländische Fort Recovery (1660). Auch am hübsch herausgeputzten Ankerplatz ****Soper's Hole** bei West End hat man sich ganz auf das Jachtgeschäft eingestellt.

In allen Schattierungen zwischen Türkis und Tiefblau schimmert das Meer an den Postkartenstränden der Nordseite; besonders schön sind **Long Bay, Little Apple Bay** (Surfertreff), **Brewer's Bay** und ***Cane Garden Bay.** Vom Weg durch den ***Mount Sage National Park** (521 m, markierter Wanderweg von der Ridge Road) genießt man ein Inselpanorama nach allen Seiten.

i Akara Bldg., Roadtown,
Tel. 494-3134.

Flughafen: Beef Island, 15 km von Roadtown entfernt; Puerto Rico, Antigua, Sint Maarten.

British Virgin Islands

▪ **Steckbrief:** 153 km²; 17 000 Einw.; Landessprache: Englisch; Währung: US $.
▪ **Attraktionen/Sport:** Natur, Strände. ***Segeln, **Baden, **Tauchen, **Windsurfen.
▪ **Infos:** Schwarzbachstr. 32, 40822 Mettmann, Tel. (0 21 04) 28 66 71, Fax 91 26 73, www.ultimatebvi.com oder www.bviwelcome.com

Seite 51

Regelmäßige **Fähren** zwischen Tortola (Beef Island, Roadtown, West End) und Virgin Gorda, Peter Island, Jost van Dyke sowie den USVI.

Long Bay Beach Resort, Tel. 495-4252, Fax 495-4677. Moderne Villen an herrlichem Strand. ❍❍❍
▮ **The Sugar Mill,** Tel. 495-4355, Fax 495-4696. Kleineres (Plantagen-) Haus. ❍❍❍
▮ **Mongoose Apartments,** Tel. 495-4421, Fax 495-9721. Simple, freundliche Anlage an der Cane Garden Bay. ❍❍

Skyworld Restaurant, Tel. 494-3567. Ideal für den Lunch mit Aussicht, direkt am Mount Sage gelegen. ❍❍
▮ **Sebastian's,** Little Apple Bay, Tel. 495-4212. Frischer Fisch am Strand. ❍❍
▮ **Mrs. Scatliffe's,** Carrot Bay, Tel. 495-4556. Westindische Hausmannskost, Reservierung erbeten. ❍❍

Bomba's Shack, Little Apple Bay, Tel. 495-4148. Eine Institution seit Jahren: Tanzbar aus Treibgut und Sand, legendäre Vollmondpartys.

Ausflüge von Tortola

Anegada, die nördlichste der Virgin Islands (250 Einw.) zeichnet sich durch flache, koralline Bodenstruktur und prachtvolle Badestrände aus: beste Aussichten für Taucher und Angler.

Anegada Reef Hotel, Tel. 495-8002, Fax 495-9362. Rustikal, abgeschieden. ❍❍❍

Jost van Dyke (135 Einw.; Schiffsverbindung ab West End): absolute Ruhe, ein Meer in atemberaubendem Türkis und ein weißer pudriger **Strand.

In der Freiluftbar Foxy's in Jost van Dyke ist die Musikuntermalung Chefsache

Die Attraktion ist **Foxy's,** die legere Freiluftbar, in der der Chef die Gäste unterhält.

Rudy's Mariner Inn, Tel. 495-9282. Hotel, Restaurant und Nachtklub. ❍❍
▮ **Camping: White Bay Campground,** Tel. 495-9312.

Auch die Mini-Eilande ***Peter Island** (private Hotelinsel mit öffentlichem Strand, Tel. 495-2000, Fax 495-2500, ❍❍❍) oder ***Norman Island,** bekannt als Robert L. Stevensons »Schatzinsel«, bieten sich für Tagesausflüge an.

Virgin Gorda

Manchmal steil, manchmal sanft erheben sich im Norden der 2500-Seelen-Insel spärlich bewachsene Hügel über dem ****North Sound,** einer karibischen Modellbucht. Vorgelagerte Inselchen und ***Eustatia Reef** schirmen sie vom Atlantik ab. Bootstaxis verkehren vom North Sound nach Gun Creek, wo Pick-up-Taxis warten. Die Strecke über den Virgin Gorda Peak (422 m) nach **Spanish Town** (auch: The Valley) kann es in puncto Gefälle mit jedem Alpenpass aufnehmen.

The Baths: Badebuchten wie aus dem Bilderbuch

Im flachen Süden liegen herrliche Strände, vor allem ****The Baths:** Dort türmen sich zwischen hohen Palmen riesige Granitmurmeln zu einem System aus Grotten, Teichen und schmalen Passagen. Kraxelnd, watend, mit eingezogenem Kopf legt man entlang sichernder Halteseile in 15 Min. den Weg zur ***Devil's Bay** zurück.

Yacht Harbour, Spanish Town, Tel. 495-5181.

Flugverbindungen: Puerto Rico, Tortola.
Schiffsverbindung: Tortola.

Biras Creek, Tel. 494-3555, Fax 494-3557. Legerer Luxus am North Sound. ○○○
▮ **The Bitter End Yacht Club,** Tel. 494-2746, Fax 494-4756. Seglerrefugium, großes Sportprogramm, auch Anfänger; nächtliche Schnorcheltrips! ○○○
▮ **Guavaberry Spring Bay Vacation Homes,** Tel. 495-5227, Fax 495-5283. Nette Bungalows nahe The Baths. ○○

Leeward Islands

Seite 56

Die kleinen Perlen

Aus der Luft wirken manche der wie zufällig hingestreuten Inseln kaum größer als ein palmenbewachsener Fußballplatz. Bei näherer Betrachtung jedoch erweisen sich die vermeintlichen Miniaturen durchaus als interessant und vielseitig: St. Kitts und Nevis überraschen mit stilvollen Hotels in alten Plantagenhäusern, Saba sowie Sint Eustatius begeistern mit tropischen Landschaften über wie auch unter Wasser, und auch das vom Vulkanismus arg gebeutelte Montserrat erwacht langsam wieder zum Leben. Exquisite Strände und einsamen Luxus bieten schließlich Anguilla, St. Barts oder St-Martin.

Anguilla

Spanische Seeleute nannten die 28 km lange und nur 4 km breite Insel ihrer Form wegen *Anguilla* – »Aal«. Von einem kurzen französischen Intermezzo abgesehen, blieb sie stets britische Kronkolonie. Nur einmal mach-

Anguilla

▮ **Steckbrief:** 91 km², 8900 Einw.; Sprache: Englisch; Währung: East Caribbean $.
▮ **Attraktionen/Sport:** Ideale Strände, Erholung, luxuriöse Hotels. **Baden und *Tauchen.
▮ **Infos:** c/o **SERGAT,** Im Güldenen Wingert 8 c, 64342 Seeheim, Tel. (0 62 57) 96 29 20, Fax 96 29 19, www.anguilla-vacation.com

Seite 56

Anguilla: An der Shoal Bay ist noch ein Plätzchen frei

ten die Insulaner Schlagzeilen: 1969 beschlossen sie, aus der ungeliebten Verwaltungseinheit mit St. Kitts und Nevis auszutreten und erklärten ihre Unabhängigkeit. Nachdem alle Diplomatie gescheitert war, besetzte die englische Elitetruppe *The Red Devils* Anguilla und gliederte die Aufmüpfigen wieder dem Mutterland an.

The Valley, Hauptort und Off-shore-Handelsplatz, ist ein unübersichtliches Gemenge aus Geschäfts- und Verwaltungsbauten. Das Landesinnere bietet ebenfalls nichts Spektakuläres. Mit dem Auto erreicht man schnell die eigentlichen Attraktionen: Die

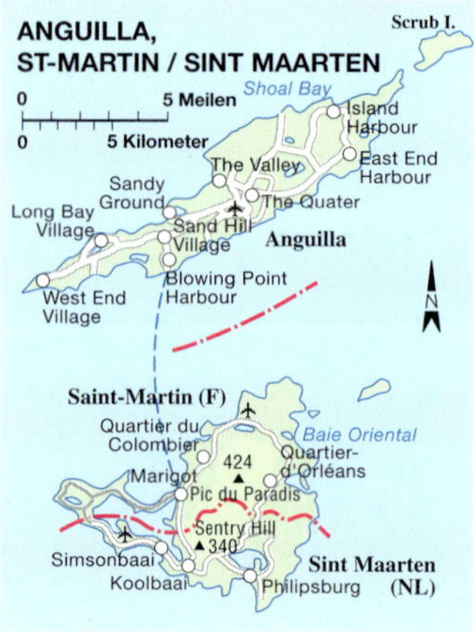

schönsten unter den strahlend weißen Sandbuchten heißen **Rendezvous Bay, Mead's Bay, Captain's Bay** und ****Shoal Bay.** Einen Besuch wert ist auch das Fischerdorf Sandy Ground, wo kleine Restaurants typische Fischgerichte zubereiten und populäre Strandpartys stattfinden. Ausflugsboote starten von hier nach ***Sandy Island** (gute Bade- und Tauchmöglichkeiten).

Department of Tourism, The Valley, Tel. 497-2759, Fax 497-2710.

Flughafen: Wallblake Airport, The Valley; u. a. Antigua, St. Kitts und St. Thomas.

Schiffsverbindungen: Ab Blowing Point ca. alle 30 Min. nach Marigot/St-Martin.

Cap Juluca, Maundays Bay, Tel. 497-6666, Fax 497-6617. Luxusrefugium im maurischen Stil. ○○○

Cinnamon Reef, Little Harbour, Tel. 497-2727, Fax 497-3727. Noble Villen am Strand. ○○○

La Sirena, Mead's Bay, Tel. 497-6827, Fax 497-6829; in der Schweiz Tel. (01) 941 84 84, Fax 941 84 83. Stilvoll und modern, reizvoller Garten. ○○

Lloyd's Guesthouse, The Valley, Tel. 497-2351. Einfache Zimmer in weißem Holzhaus. ○○

Riviera, Sandy Ground, Tel. 497-2833. Traditionslokal mit französischem Touch. ○○○

Scilly Cay, Tel. 497-5123. Fisch und Hummer auf dem vorgelagerten Sandy Island. ○○

Tipp Tauchen: **Anguillan Divers,** Island Harbour, Tel. 497-4750.

Seite 56

St-Martin – Sint Maarten

Nur in der Karibik gibt es einen Grenzübergang zwischen Frankreich und den Niederlanden: Während der Norden der Insel (St-Martin, 52 km^2) zum französischen Département Guadeloupe gehört, ist das südliche Sint Maarten (37 km^2) Teil der Niederländischen Antillen. Es stören weder Schlagbaum noch Zoll und man erfreut sich gemeinsam eines stetigen Dollarsegens – 700 000 Touristen besuchen die Insel jedes Jahr.

Philipsburg (13 500 Einw.), Hauptstadt des niederländischen Teils, ist nach Charlotte Amalie (St. Thomas) der zweitgrößte Kreuzfahrthafen der Karibik. Am Pier und im blitzsauberen Zentrum zwischen Frontstreet und Backstreet stöhnen Landgänger unter der Last ihrer Dutyfree-Einkäufe. Sehenswert sind das hölzerne **Courthouse** (1793), ein historisches Museum (Voorstraat 119) und die zahlreichen, wenn auch etwas überres-

In Philipsburg heißt die Devise: zollfrei einkaufen

taurierten *gingerbread houses* mit ihren typischen Zierleisten an den Giebeln. **Fort Amsterdam** (guter Rundblick), von der Front Street zu Fuß erreichbar, war die erste niederländische Festung (1631) in der Karibik und wurde später von den Spaniern zerstört.

Mit dem Wagen lässt sich die Insel an einem Tag leicht umrunden. Vom Aussichtspunkt **Cole Bay Hill,** 4 km westlich von Philipsburg, ergibt sich ein schönes Panorama des Grand Etang de Simson Baai (Simpson Bay Lagoon) mit den Nachbarinseln am Horizont. Entlang der schmalen Landzunge südlich der Lagune haben sich an den feinsandigen Stränden Maho Beach, Mullet Beach und Cupecoy Beach zahlreiche Hotels etabliert.

The Greenhouse Bar & Restaurant, Simpson Bay, Tel. 22 941. Fisch, Hamburger, feine kleine Gerichte, Tanz, gute Stimmung; Blick auf den Jachthafen. ○○

Marigot, der kleine Hauptort des französischen St-Martin (Departément Guadeloupe), pflegt das Flair eines Feriendorfes an der Côte d'Azur. Die schönsten Strände liegen nördlich von Marigot und an der Ostküste; am beliebtesten sind **Grand Case,** die **Baie**

St-Martin/Sint Maarten

- **Steckbrief:** 96 km^2, 23 000 Einw.; Sprachen: Niederländisch, Französisch, Englisch; Währungen: €, Netherlands Antilles Guilder (NAf), US $.
- **Attraktionen/Sport:** Strände, zollfreies Shopping, französisch-kreol. Küche. **Baden, **Tauchen, **Surfen, *Nachtleben.
- **Infos:** www.st-maarten.com (niederl. Teil), www.interknowledge.com/st.martin (franz. Teil)

Dutch Caribbean Travel Center, Karlstr. 12, 60329 Frankfurt/M., Tel. (0 69) 2 40 01 83, Fax 24 27 15 21. – Französischer Teil siehe Guadeloupe, S. 71.

Seite 56

Oriental (FKK) und **Dawn Beach** (gut zum Schnorcheln). Zum vorgelagerten winzigen **Îlet Pinel** (Restaurant, Strände) schippern kleine Ausflugsboote.

Walter Nisbeth Rd. 23, Philipsburg, Tel. 22 337, Fax 22 734. Port de Marigot, Tel. 87 57 21, Fax 87 56 43.

Flughafen: Juliana Intl., 15 km westl. Philipsburg, weltweite Verbindungen. **Fähren:** Anguilla ca. alle 30 Min.

Niederländische Seite:
Sheraton Port de Plaisance, Cole Bay, Tel. 45 222, Fax 42 428. Spitzenhotel in einer künstlichen Gartenlandschaft. ❍❍❍
▪ **Great Bay,** Philipsburg, Tel. 22 446, Fax 23 008. Lebhafte Mittelklasse. ❍❍
▪ **Pasanggraham,** Philipsburg, Tel. 23 588, Fax 22 885. Sympathische Atmosphäre im ehemaligen Gouverneurssitz, Pool. ❍❍
Französische Seite:
▪ **Privilege,** Anse Marcel, Tel. 87 37 37, Fax 87 33 75. Kleines Luxusresort und Heilbad. ❍❍❍
▪ **Anse Margot,** Baie Nettlé, Tel. 87 92 01, Fax 87 92 13; in Deutschland: Tel. (0 89) 55 53 35, Fax 523 22 12. Angenehmes Ferienhotel, direkte Strandlage. ❍❍
▪ **Mont Vernon,** Baie Oriental, Tel. 87 62 00, Fax 87 37 27. Etwas erhöht an einem 2 km langen Strand, neu renoviert. Gute Mittelklasse. ❍❍

La Vie en Rose, Marigot, Tel. 87 54 42. Französisch-kreolische Küche. ❍❍❍
▪ **Café La Plantation,** Baie Oriental, Tel. 29 58 05. Franz.-kreol. Gourmetküche in kolonialem Ambiente. ❍❍
▪ **Fish Pot,** Grand Case, Tel. 87 50 88. Meeresfrüchte auf typisch westindischer Terrasse. ❍❍
▪ **Captain Oliver's,** Oyster Pond, Tel. 87 30 00. Fisch und Hummer auf Terrasse im Meer. ❍❍
▪ **La Pampa,** Maho Reef, Tel. 75 717. Populäres Steakhaus. ❍❍

Casablanca Nightclub, im Great Bay Hotel, Tel. 23 786. Revue, Tanz.
▪ **Cheri's,** Maho Reef, Tel. 53 361, Live-Merengue. Viele weitere Bars und Kasinos an der Maho Beach.

Saint-Barthélemy

Die winzige, steinig-trockene Insel eignete sich nie für die Plantagenwirtschaft. Weil also keine Sklaven eingeführt wurden, stammen die meisten Insulaner direkt von Seeleuten aus der Normandie oder aus Schweden ab. 1784 trat Frankreich die Insel an Schweden ab, das sie zum profitablen Freihafen ausbaute. Als sich das Geschäft nicht mehr lohnte, erhielt sie Frankreich 1879 zurück. Heute hat sich St-Bart(h)s, zum Jetset-Treffpunkt entwickelt – bei entsprechenden Preisen. Unbeeindruckt davon pflegen alteingesessene Insulaner in abgelegenen Fischerdörfern Brauchtum der Normandie: Viele sprechen noch den Dialekt ihrer Ahnen und an Feiertagen tragen Frauen sogar gelegentlich die *calèche,* eine antiquierte Stoffhaube.

Die niedrigen Steinhäuser umarmen in **Gustavia,** dem Hauptort der Insel (Dép. Guadeloupe), gleichsam die geschützte Hafenbucht und ziehen sich hügelaufwärts. Das Dorf **Corossol** (nordwestl. von Gustavia) wurde bekannt für die Flecht- und Korbwaren aus den Blättern der Latanier-Palme. Der schönste Sandstrand der Insel erstreckt sich im Nordwesten von der ****Anse des Flamands** bis zur rauen ***Petite Anse.**

Der beschauliche Ort Windwardside setzt einen Akzent im üppigen Grün Sabas

Quai du Général-de-Gaulle, Gustavia, Tel. 27 87 27, Fax 27 74 47.

Flugverbindungen: St-Martin, Guadeloupe.
Schiffsverbindung: St-Martin.

Manapany Cottages, Colombier, Tel. 27 66 55, Fax 27 75 28. Luxus-Bungalowanlage. ○○○
▌ **P'tit Morne Hotel,** Colombier, Tel. 27 62 64, Fax 27 84 63. Schöne, ruhige Hanglage. ○○

Le Rivage, Grand-Cul-de-Sac, Tel. 27 82 42. Französisch-karibische Küche. ○○○

In den Hotels sowie in Gustavia, u. a. **Bar de l'Oubli, Le Petit Club.**

Tipp Surfen/Segeln: **Wind Wave Power,** St. Barth's Beach Hotel, Grand-Cul-de-Sac, Tel. 27 82 57.

Saba

Spektakuläre Strände sucht man vergeblich, denn das nur 13 km² große Saba ist ein einziger grüner Berg im weiten Meer. Die Reize der mit 870 m höchsten Erhebung auf niederländischem Territorium (seit 1815) sind eher diskreter Natur. Obwohl der Tourismus an Bedeutung gewinnt, herrscht noch immer erholsame Ruhe: Von den jährlich 20 000 Besuchern kommen die meisten nur als Tagesausflügler, insbesondere zum Tauchen. **The Bottom,** der beschauliche Hauptort, erinnert an ein Provinzdorf in den Niederlanden.

Die meisten Hotels und Läden stehen in **Windwardside,** dem zweiten Bilderbuchdorf der Insel. Außerdem befinden sich hier Verkehrsamt, Post, eine Bank sowie ein sehenswertes historisches Museum. Auf den ****Mount Scenery** führt ein Treppenweg (1064 Stufen, laut Hinweistafel) in ca. 1 Std. Gehzeit durch feuchtwarme Tropenluft. Zu den typischen Pflanzenarten des Bergwaldes zählen z. B. Orchideen, Baumfarne und Epiphyten (Aufsitzerpflanzen), die im Geäst imposanter Baumriesen wuchern.

Tipp Infos zum Zustand der Wege, Wanderkarten und Anmeldung zu geführten Touren im **Saba Trail Shop,** am Beginn des Aufstiegs zum Mount Scenery (Tel. 62 630).

Im ****Saba Marine Park,** einem der abwechslungsreichsten Tauchreviere der Welt, begeistern fischreiche Korallenriffe und bizarre Vulkanlandschaften.

Windwardside,
Tel. 62 231, Fax 62 350.

Flughafen: Juancho Yrausquin (unterhalb Hell's Gate), Taxizubringer. St. Maarten, St. Eustatius.
Schiffsverbindung: St. Maarten.

Willard's, Booby Hill,
Tel. 62 498, Fax 62 482.
Relativ neues Luxusresort mit Restaurant in Hanglage, Pool, Jacuzzi, Tennis. ○○○

- **Juliana's,** Windwardside, Tel. 62 269, Fax 62 389. Hübsche Apartments mit Pool. ○○

St-Barths/Saba/Statia

- **Steckbrief: St-Barths:** 21 km², 5000 Einw.; Sprache: Französisch; Währung: Euro (€).
- **Attraktionen/Sport:** Ruhe, Exklusivität. **Baden, **Surfen.
- **Infos** s. Guadeloupe, S. 71, www.st-barths.com.

- **Steckbrief: Saba:** 13 km², 1100 Einw., **Sint Eustatius:** 31 km², 2100 Einw. Sprachen: Niederländisch, Englisch. Währung: Netherlands Antilles Guilder (NAf).
- **Attraktionen/Sport:** Natur, Ruhe; ***Tauchen, **Wandern.
- **Infos** s. Sint Maarten, S. 57, www.sabatourism.com und www.turq.com/statia

- **El Momo Cottages,** Booby Hill, Tel./Fax 62 265. Klein, freundlich und familiär. ○

Tipp

Tauchen: **Saba Marine Park,**
Fort Bay, Tel./Fax 63 295.
Drei qualifizierte lokale Veranstalter bieten Tauchgänge an.

Sint Eustatius (Statia)

The Golden Rock – »goldener Fels« wurde das niederländische Sint Eustatius (kurz: Statia) im 18. Jh. genannt, weil es als wohlhabendster Handelsplatz Westindiens galt. Seit 1781 Engländer die Insel plünderten, können ihre Bewohner von glanzvollen Zeiten nur träumen. Dafür schwören die wenigen Touristen auf die friedliche Stimmung und Naturschönheit.

In **Oranjestad,** dem einzigen Ort der Insel, kann man auf einem ausgeschilderten Rundweg vergangener Pracht nachspüren. Im ***Historischen Museum** werden indianische Artefakte sowie Dokumente des »goldenen Zeitalters« präsentiert, im Fort die Kolonialzeit. Für Taucher höchst attraktiv sind die Wracks gesunkener Frachtschiffe nahe den bröckelnden Kaimauern, zum Baden eignet sich der dunkle Sandstrand Oranje Beach nördlich davon.

The Old Gin House, Oranjestad,
Tel. 82 319, Fax 82 135.
Statias Schmuckstück: historischer Bau (18. Jh.), jetzt stilvoll renoviertes Hotel-Restaurant. ○○

Im Süden erhebt sich der erloschene Vulkankrater ***The Quill.** In 3 bis 4 Stunden ab Oranjestad sind der höchste Punkt, Mount Mazinga auf 600 m, und der Regenwald im Krater erreichbar.

Seite 61

Oranjestad,
Tel./Fax 82 433.

Flughafen: Roosevelt Airport (Taxis). St. Maarten, Saba, St. Kitts, Nevis.

Golden Era, Lower Town, Tel. 82 345, Fax 82 445. Modern, praktisch, am Strand. ❍❍
▮ **King's Well,** Oranje Beach, Tel./Fax 82 538. Freundliches Strandhotel. ❍❍

L'Etoile, Oranjestad, Tel. 82 299. Einfache, kreolische Küche. ❍❍

St. Kitts and Nevis

Erst seit 1983 sind die Schwesterinseln St. Kitts (eigentlich St. Christopher) und Nevis unabhängig. Ihre Geschichte weist jedoch frühere Höhepunkte auf: Von St. Kitts aus besiedelten Franzosen und Engländer seit 1623 die ganze Region, weshalb die Insulaner gerne von der »karibischen Mutterkolonie« sprechen. Nach der Besitznahme durch England (1783) gelangten die Pflanzer dank Zuckerrohr und Tabak zu jenem Wohlstand, der sich in den vielen prächtigen *Estate Houses* manifestiert.

St. Kitts

Der zentrale Platz der Hauptstadt **Basseterre** (21 000 Einw.) ist The Circus mit dem viktorianischen Brunnen und Uhrturm des Thomas Berkley Memorial. Östlich schließt sich der schattige *Independence Square an, während zum Hafen hin der koloniale Kuppelbau des Treasury Building und die Pelican Shopping Mall mit ihren modernen Geschäften (zollfreie Waren) den Blick auf sich ziehen. Das Hotelzentrum der Insel entstand im regenarmen Süden rund um die Badestrände der **South Frigate Bay** und **Mosquito Bay.** Die halbtägige Rundfahrt durch den Nordteil sollte einen Besuch der indianischen Felsenmalereien bei ***Wingfield Estate** und der wuchtigen Festung ****Brimstone Hill Fortress** einschließen. Durch Fischerdörfer und Zuckerrohrfelder führt die Straße um die Nordküste zu den zerklüfteten ***Black Rocks,** erstarrter

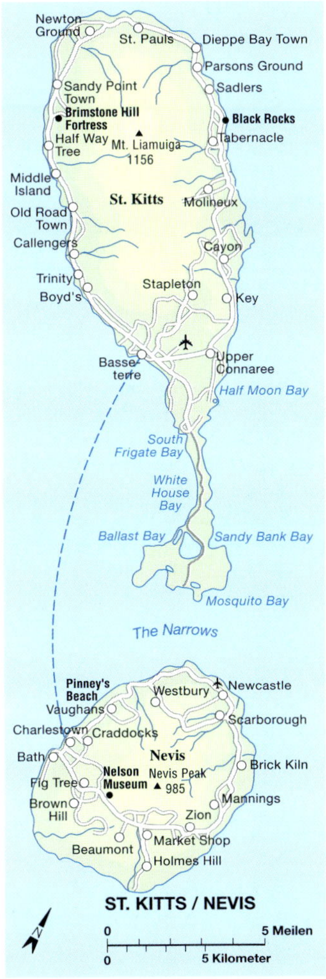

Seite 61

Lava. Durch den Regenwald am 1156 m hohen Krater des **Mount Liamuiga** werden Touren organisiert.

Pelican Mall, Basseterre, Tel. 465-4040, Fax 465-8794.

Flughafen: Bradshaw Intl., nördlich von Basseterre (Taxis). Antigua, Sint Maarten u. a.
Schiffsverbindung: Nevis, mehrmals täglich.

Royal St. Kitts, Tel. 465-1290, Fax 465-1031. Modernes All-inclusive-Resort mit Kasino. ❍❍❍
▮ **The Golden Lemon Inn,** Dieppe Bay, Tel. 465-7260, Fax 465-4019. Exklus. Villen um altes Plantagenhaus. ❍❍❍
▮ **Rawlins Plantation,** Tel. 465-6221, Fax 465-4954. Einsam gelegenes Kolonialhaus mit 10 Bungalows. ❍❍❍
▮ **Ocean Terrace Inn,** Fortlands, Tel. 465-2754. Blick über die Bucht, westind. Küche, Showprogramme. ❍❍

St. Kitts and Nevis

▮ **Steckbrief: St. Kitts:** 168 km², 36 000 Einw.; **Nevis:** 93 km², 10 000 Einw.; Sprache: Englisch; Währung: East Caribbean $.
▮ **Attraktionen/Sport:** Imposante Festung, historische Hotels, erloschene Vulkane, Strände. ***Golf, **Wandern, **Fischen.
▮ **Infos:** www.stkitts-nevis.com

Nur eines der zahlreichen Hotels im Plantagenstil auf Nevis

Ballahoo, The Circus, Basseterre, Tel. 465-4197. Beliebtes Fischlokal. ❍❍
▮ **The Georgian House,** Independence Sq., Basseterre, Tel. 465-4049. Feine Küche in traditionsreichem Haus. ❍❍

Tipp Regenwald-Touren mit **Greg's Safaris,** Tel. 465-4121.
▮ Golf: **Royal St. Kitts Golf Course,** Frigate Bay.

Caribelle Batik, Romney Manor, Verkauf Mo–Fr 8.30–16 Uhr.

Nevis

Die Fähre aus St. Kitts legt direkt im Zentrum der Hauptstadt **Charlestown** (1800 Einw.) an.

Wenige Schritte trennen den Pier vom **Marktplatz,** wo vor allem samstags viel los ist.

Historische Attraktion ist das **Alexander Hamilton House.** Hamilton, ein Weggefährte George Washingtons und erster Finanzminister der USA, kam 1755 oder 1757 hier zur Welt. An den Ruinen von Fort Charles vorbei gelangt man zum ehemaligen Heilbad **The Bath Hotel,** dessen heiße Schwefelquellen im 18. Jh. die rheumageplagte Highsociety aus dem fernen

Seite 61

England anzog. Heute sind Badehaus und Quellen nur zeitweise zugänglich.

Einmal rundherum schafft man es mit dem Wagen in drei Stunden, wenn nicht die herrliche Palmenidylle von ***Pinney's Beach** (nördl. Charlestown) oder ein Planter's Punch in einem der vielen gemütlichen Great Houses (s. Hotels) unterwegs aufhalten. Unbedingt sehenswert ist das ***Nelson Museum** auf dem Grund der Morning Star Plantation: Liebevoll wurden dort Dokumente zu Leben und Amouren des Seehelden zusammengetragen.

Main Street, Charlestown, Tel. 469-1042, Fax 469-1066.

Flughafen: Newcastle Airport, 11 km nördl. von Charlestown; Taxis. St. Kitts, Antigua.
Schiffsverbindungen: Basseterre, St. Kitts.

Four Seasons Resort, Pinney's Beach, Tel. 469-1111, Fax 469-1040. Großzügige Zimmer und Suiten, herrlicher Golfplatz, Tauchbasis, idealer Strand. ○○○

- **Nisbet Plantation Beach Resort,** Newcastle, Tel. 469-9325, Fax 469-9864. Moderner Komfort, kolonialer Charme. Nelsons Frau wuchs hier auf. ○○○
- **Croney's Old Manor Estate,** Gingerland, Tel. 469-3445, Fax 469-3388. Restaurierte Plantage von 1690, an den Hängen des Nevis Peak. ○○
- **Montpellier Plantation Inn,** Charlestown, Tel. 469-3462, Fax 469-2932. ○○
- **Yamseed Inn,** Newcastle, Tel. 469-9361. Nettes Bed & Breakfast. ○○

Muriels Cuisine, Happy Hill Dr., Charlestown, Tel. 469-5920. Bodenständige westind. Küche. ○○

- **Miss June's,** Stoney Grove Plantation, Tel. 469-5330. Karibisches Buffet in Plantagenhaus. Nur mit Reservierung. ○○

Montserrat – Leben auf dem Pulverfass

Viel Ruhe, kleine Hotels für Individualurlauber und grüne Landschaft, ideal zum Wandern – das waren die Vorzüge des 60 km² kleinen Montserrat, bevor 1995 der Vulkan Soufrière nach 400 Jahren urplötzlich begann verrückt zu spielen. 1996 musste sogar die Inselhauptstadt Plymouth wegen dichten Ascheregens aufgegeben werden. Inzwischen hat sich die Situation stabilisiert, der Wiederaufbau der Infrastruktur macht bescheidene Fortschritte. Wann die britische Kronkolonie allerdings wieder zur Normalität zurückkehren kann, steht in den Sternen.

Die schönsten der schwarzsandigen Strände Montserrats liegen im sicheren Nordwesten, z. B. an der Little Bay und an der Rendezvous Bay. Eine Attraktion der besonderen Art ist der Soufrière, der eine wachsende Zahl von Tagesbesuchern anzieht. Das örtliche **Volcano Observatory** (Mongo Hill, Tel. 491-5647; www.mvomrat.com) vermittelt kompetente Führer.

Info bei: **The West India Committee,** Lomerstr. 28, 22047 Hamburg, Tel. (040) 695 88 46, Fax 380 00 51, www.visitmontserrat.com. Anreise: Fähren und Helikopter ab Antigua.

Seite 65

Antigua und Barbuda

In frischen Farben leuchten die Fassaden der alten Holzhäuser in St. John's

Wie viele Strände hat das Jahr?

Ob man auf Antigua tatsächlich unter 365 Stränden – einen für jeden Tag – auswählen kann? Einige Sandkörnchen Wahrheit mögen dem oft zitierten PR-Gag ja anhaften, aber: Wer alle versteckten Buchten entlang der sonnensicheren Küsten inspizieren will, braucht sicher mehr als zwei Wochen Urlaub ... Neben wunderschönen Badeplätzen bietet die Insel auch einen Hauch kolonialer Atmosphäre. In English Harbour, wo sich alljährlich Ende April/Anfang Mai die Jachtelite zur traditionellen Sailing Week trifft, ankerte einst Lord Nelsons Antillen-Armada.

Als Kolumbus 1493 die Insel nach der Kirche Santa María de la Antigua in Sevilla benannte, trug sie den indianischen Namen *Wadadli* – heute zumindest als lokale Biermarke wieder in aller Munde. Die wirtschaftliche Existenzgrundlage der einstigen Flottenbasis der Engländer bildete in der Kolonialzeit das Zuckerrohr. Es sind jedoch kaum Plantagenhäuser erhalten. Wie viele Nachbarstaaten leben Antigua und Barbuda (seit 1981 unabhängig) jetzt fast ausschließlich vom Tourismus, während Landwirtschaft und Fischerei trotz Subventionen weitgehend brachliegen.

St. John's

Der Hauptort und wichtigste Hafen der Insel (38 000 Einw.) ist eine Stadt mit zwei Gesichtern: Wo die Kreuzfahrtschiffe anlegen, sind am **Heritage Quay** und **Redcliff Quay** in früheren Lagerhäusern adrette Dutyfreepassagen entstanden. Echt westindische Betriebsamkeit erfährt man dagegen auf dem ***Obst- und Gemüsemarkt** (besonders Fr und Sa morgens) am Südende der Market Street.

Antigua/Barbuda

- **Steckbrief:** 442 km², 68 000 Einw.; Landessprache: Englisch; Währung: East Caribbean. Dollar (EC $).
- **Attraktionen/Sport:** Herrliche Strände, historische Orte. ***Baden, ***Segeln, **Schnorcheln und Tauchen, **Surfen, *Golf.
- **Infos:** Thomasstr. 11, 61348 Bad Homburg, Tel. (0 61 72) 2 15 04, Fax 2 15 13, www.antigua-barbuda.org

Dass das Tourismusgeschäft nicht allen Insulanern Wohlstand bringt, beweist ein Blick in die ärmlichen Außenbezirke im Süden.

Das ***National Museum** im alten Gerichtsgebäude (Ecke Market/Long St.) präsentiert eine Sammlung zu geologischen und historischen Themen sowie eine Steeldrum zum Probieren (Mo–Fr 10–15, Sa 10–13 Uhr).

Entlang farbenfroher Holzhäuser in der Church Street gelangt man zur anglikanischen **St. John's Cathedral.** Das erste, hölzerne Gotteshaus stand dort bereits 1682, der heutige Bau stammt von 1848. Auf dem schattigen Friedhof lassen sich noch einige Grabinschriften aus dem 18. Jh. entziffern.

Antiguas Norden

Nordwestlich von St. John's, jenseits der Ruinen von **Fort James** (an der Hafeneinfahrt), beginnen jene blendend weißen Sandstrände, die das wertvollste Kapital Antiguas darstellen. ***Runaway Bay** und ***Dickenson Bay** heißen die bevorzugten Standorte der Ferienhotellerie.

Im äußersten Norden verstellen Villen den Zugang zum Meer; davor entfaltet auf der vorgelagerten Privatinsel Long Island das sündteure **Jumby Bay Resort** (Tel. 462-6000, Fax 462-6020) seine einsame Pracht.

In **Parham,** an der raueren Atlantikseite gelegen, siedelten 1632 die ersten Kolonisten. Sehenswert ist dort die achteckige **St. Peter's Church** (1840). Inmitten trockener, brauner Buschlandschaft, nahe der Ortschaft Pares, erinnern die restaurierten Überreste von ***Betty's Hope Plantation** (1670) an die blühende Zuckerindustrie von einst (kleines Museum, Öffnungszeiten: Di–Sa 10–16 Uhr).

Durch das friedliche Dorf Willikies gelangt man bis **Long Bay,** einem bei Einheimischen beliebten Ausflugsziel, und zur **Devil's Bridge,** einer Naturbrücke aus schroffen Kalkfelsen.

Seite 65

Kricket – von wegen Rasensport!

Paradeblick von Shirley Heights auf English Harbour

Antiguas Süden und Südwesten

Hügelig und etwas grüner präsentiert sich der Süden Antiguas. Auf der All Saints Road gelangt man von der Hauptstadt schnell via Liberta, einer 1834 von befreiten Sklaven gegründeten Siedlung, nach **English Harbour** (18 km). In der geschützten Bucht vor der Halbinsel Middle Ground errichtete die britische Marine im 18. Jh. ihren wichtigsten, hurrikanfreien Stützpunkt. Die renovierte ehemalige Flottenbasis, heute als exklusiver Jachthafen genutzt, zieht unter dem Namen **Nelson's Dockyard National Park** viele Touristen an. Auf dem Gelände sind alte Pulvermagazine und Lagerhäuser in nostalgische Hotels, Restaurants oder kleine Museen umgewandelt worden.

Tipp Den unübertroffenen Panoramablick über English Harbour und die ankernden Segeljachten genießt man von **Shirley Heights.** Die nach Gouverneur Thomas Shirley benannte Bastion sicherte den Hafen gegen mögliche Angreifer.

Sonntags treffen sich nun auf der **Aussichtsterrasse **The Lookout** Einheimische und Touristen zum fröhlichen Barbecue mit Livemusik (15–18 Uhr Steelband, 18 bis 21 Uhr Reggae, Tel. 460-1785).

Zur Südwestküste schlängelt sich ca. 1 km nördlich von Liberta der schmale und holprige ***Fig Tree Drive** (»Bananenstauden-Weg«, denn kleine Bananen heißen hier *figs*) durch Reste tropischen Waldes.

Palmenhaine und verschlafene Fischerdörfer begleiten die Fahrt am Meer entlang nach Norden, in Sichtweite liegt **Boggy Peak** (402 m), der höchste Hügel Antiguas. Unterwegs bieten sich herrliche Bademöglichkeiten an der Carlisle Bay (beiderseits des Curtain Bluff Resort) sowie am stilleren ***Darkwood Beach,** wo bislang nur ein populäres Strandlokal Besucher bewirtet.

Wesentlich mehr Trubel und ein internationales Publikum findet man in Richtung St. John's, an **Hawksbill Beach** und ****Jolly Beach.**

Barbuda

(1500 Einw.; einziger Ort: Codrington), 40 km nördlich von Antigua, ist eine flache, von Riffen und Mangrovenlagunen umgebene Koralleninsel. In Vogelschutzgebieten nisten weitgehend ungestört jedes Jahr etliche Tausende Fregattvögel. Die schier endlosen, rosa schimmernden Strände eignen sich hervorragend zum Schwimmen und Tauchen. (Tagestouren mit LIAT-Flügen vermitteln Reisebüros.)

Nevis Street/Friendly Alley, St. John's, Tel. 462-0480, Fax 462-2483.

Flughafen: V. C. Bird, 8 km von St. John's (Taxis). Sehr gute internationale und innerkaribische Verbindungen.

St. James Club, Mamora Bay, Tel. 460-5000, Fax 460-3015. Weitläufige Luxusanlage, ideal für Sportler: Tauchen, Tennis, Segeln, Reiten. ❍❍❍

▮ **Rex Halcyon Cove Beach Hotel,** Tel. 462-0256, Fax 462-0271. Gepflegte Anlage an der bekannten Dickenson Bay. ❍❍❍

▮ **The Copper & Lumber Store,** English Harbour, Tel. 460-1058, Fax 460-1529. Sehenswertes Nostalgiehotel in altem Lagerhaus. Gute Küche. ❍❍❍

▮ **Admiral's Inn,** English Harbour, Tel. 460-1153, Fax 460-1534. Historischer Backsteinbau mit antiker Einrichtung. ❍❍

▮ **Murphy's Apartments,** All Saints Road, St. John's, Tel. 461-1183. Freundliche Atmosphäre im gepflegtesten Bed & Breakfast Antiguas. ❍

Colombo's, English Harbour, Tel. 460-1452. Italienische Spezialitäten mit westindischem Touch. Mi: Live-Reggae. ❍❍❍

▮ **Chutney's,** Fort Rd., St. John's, Tel. 462-2977. Indisch-karibische Küche. ❍❍

Spielkasino im Heritage Quay/ St. John's;

▮ Bars/Restaurants in **English Harbour,** z. B. The Lookout (s. S. 66), Abracadabra.

Guadeloupe und Martinique

Seite 69

La vie en rose auf Karibisch

Milde Nachtluft, Meeresrauschen und ein exotisches Dinner im Mondlicht: Feinschmecker schwören, dass diese Mischung am besten auf Guadeloupe und Martinique gelingt. Tatsächlich gehen auf den Französischen Antillen Küche und Lebensart der »Grande Nation« eine einzigartige Verbindung mit karibischer Atmosphäre ein.

Neben französisch-kreolischen Gourmettempeln zählen Hotels im Plantagenstil, luxuriöse Strandresorts und tropische Nationalparks zu den starken Seiten der Inseln.

Geschichte, Gesellschaft

Nach der Entdeckung durch Kolumbus versuchten die Spanier vergeblich, auf den Inseln Fuß zu fassen. Erst nach 1635 gelang es französischen Siedlern, den Widerstand der Kariben zu brechen. 1794–1800 geriet Martinique in britischen Besitz. Seit 1946 sind beide französische Départements mit vollem Stimmrecht in der Nationalversammlung. Ihren relativ hohen Lebensstandard verdanken die Antillaner nicht nur dem florierenden Tourismusgeschäft und EU-garantiertem Bananenabsatz, sondern vor allem den großzügigen Subventionen aus Paris. Insbesondere weiße Kreolen und zugewanderte Festlandsfranzosen, aber zunehmend auch die schwarze Bevölkerungsmehrheit profitieren von sicheren Beamtenjobs mit attraktiven Überseezuschlägen.

Seite 69

Guadeloupe

Grande-Terre

***Pointe-à-Pitre** (30 000 Einw.), die wichtigste Stadt auf Guadeloupe, liegt zwischen den »Flügeln« der schmetterlingsförmigen Insel. Das Zentrum des lauten, verkehrsreichen Handelsplatzes erstreckt sich rund um den Hafen La Darse, wo pausenlos Frachter und Fischerboote an- und ablegen.

Fangfrischer Fisch wird unmittelbar an den Kais oder in der gusseisernen ****Markthalle** *(Marché)* feilgeboten – neben Obst, duftender Vanille und Zimt sowie diversen Zaubermitteln gegen Armut, Unglück oder Impotenz ...

An den auf Guadeloupe geborenen Dichter und Nobelpreisträger Saint-John Perse (1887–1970) erinnert ein nach ihm benanntes Museum im prächtig renovierten Stadthaus Rue Nozières Nr. 9.

An der Atlantikküste östlich der Stadt haben sich die Orte **Gosier** (Jachthafen), **Ste-Anne** und **St-François** (**Strände, Golfplatz) die touristischen Spitzenplätze erobert. Das Hinterland der trockeneren Inselhälfte Grande-Terre prägen weite Zuckerrohrfelder und sanfte Hügel. An der ***Pointe de la Grande Vigie** erschließt ein Pfad die raue Klippenlandschaft. Besser zum Baden eignet sich das Meer bei Anse Bertrand und Port Louis, z. B. an der ***Anse du Souffleur.**

Basse-Terre

Die landschaftlich reizvollere Inselhälfte ist Basse-Terre, deren Szenerie weitläufige Bananenplantagen und dichte Tropenwälder prägen.

Von **Saint-Sauveur** reicht eine 5,5 km lange Straße zu den Parkplätzen nahe den ****Chutes du Carbet.** Zu den drei imposanten, teils aus heißen Quellen gespeisten Wasserfällen gelangt man auf einem Pfad durch tropischen Regenwald (20 Min. zur ersten, 2 Std. zur letzten Kaskade).

Bei Trois Rivières zeugen geheimnisvolle Felsmalereien im ***Parc Archéologique des Roches Gravées** von der ausgelöschten Indianerkultur. Das beschauliche **Basse-Terre** (16 000 Einwohner) ist Verwaltungssitz des Départements und Haupthafen für den Bananenexport. Am Südrand sicherte Fort St-Charles (1650) einst die Stadt vor Angreifern (kleines Museum). Über den Vulkan La Soufrière (jüngste Eruption 1976/77) informiert die **Maison du Volcan** (6 km landeinwärts im Vorort St-Claude).

Der Vulkan selbst erhebt sich im ****Parc Naturel de la Guadeloupe,** einem Nationalpark von ungewöhnlicher Schönheit. Ausgangspunkt für den steilen Anstieg (ca. 2,5 Std.) zum 1467 m hohen Gipfelfeld am Pic de la Découverte ist der Parkplatz Savane à Mulets. (Beschreibungen anderer Wanderwege, »traces«, beim Verkehrsamt.)

Nördlich von Basse-Terre lohnt sich der Abstecher zur ***Maison du Café La Grivelière,** wo auf dem Grund einer historischen Plantage noch Kaffee produziert wird (Restaurant, Führungen).

Den bequemsten Zugang zum Parc Naturel bietet die 18 km lange Passstrecke ****Route de la Traversée.** Die höchsten Punkte der Route heißen Les Mamelles (»Die Brüste«) und gewähren wunderbare Ausblicke. Auf halbem Weg zwischen West- und Ostküste gibt die ***Maison de la Fôret** Auskunft über den Regenwald und stellt auf kurzen Lehrpfaden charakteristische Pflanzen vor.

Ideal für die stilechte Mittagspause *à la creole* unweit Basse-Terre ist das **Relais de la Grande Soufrière,** St-Claude, Tel. 80 01 27. Preiswerte, bodenständige Inselküche. ❍❍

Ideale Badestrände verführen an der Nordwestküste bei Pointe Noire und Deshaies zum Aufenthalt (Gelegenheit zum Tauchen und Schnorcheln), während in Ste-Rose die **Distillerie Séverin** zur Rumprobe bittet.

5, Square de la Banque, Pointe-à-Pitre, Tel. 82 09 30, Fax 83 89 22.

Seite 69

Guadeloupe: Farne und Vulkane

Flughafen: Pôle Caraibes, nördlich von Pointe-à-Pitre (Taxis). USA, Frankreich, Karibik.
Schiffsverbindungen: Dominica, Martinique.
Busverbindungen: Inselorte ab Pointe-à-Pitre.

Le Méridien, St-François, Tel. 88 51 00, Fax 88 40 71. Legere Luxusherberge, Tauchbasis, viel Sport. ○○○
▮ **Auberge de la Vielle Tour,** Gosier, Tel. 84 23 23, Fax 84 33 43. Um eine alte Windmühle herum gebaut. Sehr gute Küche. ○○○
▮ **Novotel Fleur d'Épée,** Gosier, Tel. 90 40 00, Fax 90 99 07. Praktisches, hübsches Strandhotel. ○○
▮ **Le Domaine de Petite Anse,** Bouillante, Tel. 98 78 78, Fax 98 80 28. Gepflegte Holzbungalows. ○○

Le Château de Feuilles, Anse Bertrand, Tel. 22 30 30. Edle Grillgerichte, Cocktails. ○○○
▮ **La Plantation,** Gosier, Tel. 90 84 83. Französ.-kreolische Küche. ○○○
▮ **Karacoli,** Deshaies, Tel. 28 41 17. Inselspezialitäten, direkt am Meer serviert. ○○

Spielkasinos/Nachtklubs z. B. **Le Zenith** (Gosier) und **Le 7ème Sens** (St-François).

Domaine de Valombreuse, Petit-Bourg. Idyllisches Blumengut, nette Geschäfte.

Tipp Tauchen: Der **Meerespark Îlet Pigeon** (bei Bouillante) wurde von Jacques Cousteau eingerichtet.
Les Heures Saines, Pigeon, Tel. 98 86 63.
▮ Touren/Mountainbiking: **Alizés Leader Tours,** Mahault, Tel. 26 61 32.

Ausflüge im Archipel

Marie Galante (16 000 Einw.; Hauptort Grand-Bourg), einst als »Insel der 100 Zuckermühlen« bekannt, erfreut sich aufgrund seiner weißen Sandstrände wachsender Beliebtheit bei Touristen (einige einfache Hotels).

Passages des Braves, Grand-Bourg, Tel. 97 81 97, Fax 97 81 90.

Hafen/Flughafen: Pointe-à-Pitre.

La Désirade (1700 Einw.; Hauptort Grande-Anse) führt sein angenehm trockenes Klima und den langen Badestrand von Grande-Anse als Pluspunkte an (einige Pensionen).

Place du Moine, Grande-Anse, Tel. 20 01 76.

Hafen/Flughafen: Pointe-à-Pitre.

Von den neun **Îles Les Saintes** (3100 Einw.; Hauptort Terre de Haut) wird meist das landschaftlich reizvolle Terre de Haut besucht (familiäre Unterkünfte).

Schiffsverbindungen: Basse-Terre, Trois Rivières.
Flughafen: Pointe-à-Pitre.

Seite 72

Martinique

Fort-de-France und der Südwesten

Die hektisch-betriebsame Inselmetropole **Fort-de-France** (150 000 Einw.) liegt in einer weiten Bucht, eingerahmt von bewaldeten Bergen. Rings um die stattliche Grünanlage Place de la Savane, die man nachts besser meidet, pulsiert das Leben in den Einkaufsstraßen, verstopfen morgens und abends Büroangestellte im Zentrum Straßen und Bürgersteige. Im nahen *Musée Départemental ist die Abteilung für präkolumbische Kultur bemerkenswert.

Die dem elsässischen Sklavenbefreier Victor Schœlcher (1804–93) gewidmete Bibliothèque Schœlcher renommierte 1889 als Antillen-Pavillon auf der Pariser Weltausstellung. Danach expedierte man den kuriosen Bau mit seinen Majolikafliesen und ägyptischen Säulen hierher. Wie aus einer anderen Welt wirkt auch die Kirche Sacré-Cœur de Balata, eine verkleinerte Kopie des Pariser Originals in den Hügeln über Fort-de-France.

Oben ohne oder mit? Bikini-Beratung an der Grande Anse des Salines

Das Touristenzentrum Martiniques erstreckt sich an den Stränden im Südwesten der Hauptstadt. Hotels und Restaurants geben vor allem ***Trois Îlets** Leben und Esprit. Dort kam die Napoleon-Gattin Joséphine (s. S. 73) auf der Plantage ***Domaine de la Pagerie** zur Welt (Museum, Mo geschl.). Bei ***Ste-Luce** und **Ste-Anne** verbergen sich hinter dichter Vegetation idyllische Badebuchten, **Le Marin** ist der größte Jachthafen der Insel.

Vom Süden in den Norden

Salinenbecken – etwas abseits liegt der **Strand **Grande Anse des Salines** – säumen die Straße zur Südspitze und zur ***Savane des Petrifications,** wo Reste versteinerten Waldes aus dem Meer ragen. Die Kirche aus dem 18. Jh. weist den Weg in das hübsche Fischerdorf **Le Vauclin** (7000 Einw.) mit seinen drei Palmenstränden. Bei Le François lohnt sich der Ab-

Guadeloupe/Martinique

- **Steckbrief: Guadeloupe:** 1438 km², 395 000 Einw. (mit Nachbarinseln). **Martinique:** 1102 km²; 380 000 Einw.; Sprachen: Französisch, Creole; Währung: Euro (€)
- **Attraktionen/Sport:** Regenwald, Gourmetlokale, Strände. **Wandern, ***Baden und Tauchen, **Jachtcharter, *Reiten.
- **Infos:** Guadeloupe: Bethmannstr. 58, 60311 Frankfurt/M., Tel. (0 69) 28 33 15, Fax 28 75 44, www.antilles-info-tourisme.com Martinique: **Maison de la France,** Westendstr. 47, 60325 Frankfurt/M., Tel. (0 69) 97 59 04 97, Fax 97 59 04 99, www.touristmartinique.com

Seite 72

stecher zur alten Zuckerrohrplantage und bekannten Rumbrennerei **Domaine de l'Acajou** (Tel. 54 62 07).

Etwa 100 kleinere Hotels mit Charme und typischer Architektur firmieren unter dem Titel **Relais Créole.** Infos und Reservierung: Tel. 71 56 11, Fax 73 66 93.

Träume vom tiefgrünen Tropenidyll erfüllt der Nordteil Martiniques. Bei ***Fond Capot,** einem herrlich gelegenen ruhigen Küstenstädtchen, zweigt eine Straße landeinwärts nach ***Morne-Vert** ab. Unterwegs öffnet sich ein perfektes Panorama der steil aufragenden und dicht bewachsenen **Pitons du Carbet** (1180 m) sowie der Montagne Pelée. Von der Schönheit dieses Fleckens ließ sich Paul Gauguin (1848–1903) inspirieren, als er 1887 fünf Monate lang in **Anse Turin** malte (2 km nördlich von Le Carbet, kleines Musée Gauguin).

*St-Pierre und Umgebung

Das einst »Klein-Paris« genannte, mondäne Zentrum der französischen Karibik (6000 Einw.), versank am 7. Mai 1902 bei einem Ausbruch der Montagne Pelée in Schutt und Asche. Interessant ist das ***Musée Vulcanologique,** das die Dimensionen der Katastrophe des »Pompeji der Antillen« veranschaulicht.

Von St-Pierre schraubt sich eine Straße in die Berge bei **Morne-Rouge.** Wanderer starten hier zu der zweistündigen Tour auf den Vulkangipfel (Informationen: Bureau de la Randonnée, Rue Victor Hugo, Saint-Pierre, Tel. 78 30 77). Wer zur Montagne Pelée lieber mit respektvollem Abstand aufblickt, tut dies am besten in ***Fonds St-Denis;** die attraktive, kurvige ****Route de la Trace** führt zurück nach Fort-de-France.

**(Presqu'île) Caravelle

An der Ostküste liegt die reizvolle Halbinsel Caravelle mit den naturgeschützten Palmenstränden von Tartane. **Sainte-Marie** (19 000 Einw.) ist bekannt für die Zuckerplantage (17. Jh.) des französischen Dominikanermönchs Jean-Baptiste Labat (s. S. 21), das ***Monastère de Fond-Saint-Jacques.** Auf dem Gelände entstand ein Kulturzentrum. Ebenfalls sehenswert: das **Bananenmuseum** auf der Plantage Habitation Limbé.

26, Rue Ernest Deproge, Fort-de-France, Tel. 63 79 60, Fax 73 66 93.

Flughafen: Lamentin, 15 km östl. von FdF, Taxis. USA, Paris, Karibik.
Schiffsverbindungen: Ab FdF: Dominica, Guadeloupe. Fähren zur Pointe du Bout/Trois Îlets.
Busverbindungen: Alle wichtigen Orte der Insel.

Seite 72

Bakoua, Pointe du Bout, Trois Îlets, Tel. 66 02 02, Fax 66 00 41. Nobelherberge. ○○○

Habitation Lagrange, Marigot, Tel. 53 60 60, Fax 53 50 58. Hotel im Plantagenstil, abseits des Trubels. ○○○

Carib, 9, Rue du Matouba, FdF, Tel. 60 19 85. Praktisch, zentrale Stadtlage, preiswert. ○○

Habitation Lafontaine, Le Marin, Tel. 74 82 49, Fax 74 96 09. Moderne Apartments oberhalb der Bucht. ○○

Novotel, Le Diamant, Tel. 76 42 42, Fax 76 22 87. Lebhaftes Strandhotel für gehobene Ansprüche. ○○

Gîtes ruraux: Infos Tel. 73 67 92, Fax 63 55 92. Eine Kette privater Gästehäuser, die über die ganze Insel verteilt sind. ○○–○

La Grand'Voile, Pointe Simon, FdF, Tel. 70 29 29. Fisch und raffinierte Meeresfrüchte werden direkt am Wasser serviert. ○○○

La Plantation Leyritz, Basse Pointe, Tel. 78 53 92. Edle französisch-kreolische Kreationen auf restauriertem Herrensitz (auch Hotel). ○○○

Kasino in Schœlcher, 5 km nördl. von Fort de France.

Diskos in FdF, z. B. **New Hippo** (B. Allègre), **Bitaco** (R. Vilaine).

Coco Loco, R. E. Deproge, FdF, Live-Jazz, Zouk und Beguine, Tel. 63 63 77.

Centre des Métiers d'Art, Rue Ernest Deproge, Fort de France. Kunsthandwerk.

Shoppingzentrum **La Galleria,** Le Lamentin.

Tipp Golf: **L'Impératrice** (18-Loch-Anlage), Trois Îlets, Tel. 68 32 81.

Reiten: **Ranch Jack,** Trois Îlets, Tel. 68 37 69.

Eine kreolische Karriere

Nicht ohne Stolz gedenkt man auf Martinique der berühmtesten Tochter der Insel: Die schöne Marie Josèphe Rose Tascher de la Pagerie (1763–1814), geboren auf der Zuckerplantage La Pagerie bei Trois Îlets, brachte es an der Seite Napoleon Bonapartes immerhin bis zur *Impératrice,* zur Kaiserin Frankreichs. Verheiratet war sie zuvor bereits mit dem adeligen Insulaner Vicomte de Beauharnais, der im revolutionären Paris 1794 auf der Guillotine endete. Die folgende Affäre mit einem weiteren Aristokraten ermöglichte Marie Josèphe Zugang zu noblen Kreisen und die Bekanntschaft Napoleons. Dieser ehelichte die Kreolin 1796 und kürte sie bei seiner Krönung acht Jahre später zur Kaiserin Joséphine I. Weil sie ihrem Gatten jedoch keinen Thronfolger gebar, ließ der kleine Korse sich 1809 enttäuscht scheiden. Joséphine konnte ihren Titel behalten und sich mit dem Aufstieg ihrer Kinder aus erster Ehe trösten.

Seite 75

Windward Islands

Winzlinge mit Charakter

Zu Recht verweisen die Bewohner der ehemals britischen Windward Islands gerne auf ihre nationale Unabhängigkeit und den individuellen Charakter jedes einzelnen Landes. Auch eiligen Besuchern werden Eigenarten und spezifische Urlaubsmöglichkeiten kaum entgehen: Dominica begeistert Wanderer und Naturfreunde mit wucherndem Urwald, Wasserfällen und Orchideenpracht. St. Lucia hat neben Vulkankegeln und tropischem Flair auch vorzügliche Hotels an Postkartenstränden zu bieten. Eher beschaulich geht es auf St. Vincent & The Grenadines zu. Und schließlich Grenada: Die Rundfahrt über die Muskatinsel führt durch Plantagen, Regenwald und stille Fischerdörfer.

Dominica

Weil Kolumbus die Insel an einem Sonntag des Jahres 1493 gesichtet haben soll, bedachte er sie mit dem lateinischen Wort für diesen Wochentag: Dominica. Nachdem sich Union Jack und Trikolore auf der »Sonntagsinsel« mehrmals abgewechselt hatten, wurde Dominica 1898 britische Kronkolonie und 1978 unabhängig. Verglichen mit mancher Nachbarinsel, erscheint das regenreiche und fruchtbare Dominica wie ein Garten Eden. Bananen und Grapefruits werden exportiert.

*Roseau

Der Hauptort (11 000 Einw.) hat den Charme einer typisch karibischen Kleinstadt. Im Zentrum überlebten zahlreiche Holzhäuser den katastrophalen Hurrikan »Hugo« im Jahr 1989 (s. S. 14). Weil es keine Sehenswürdigkeiten zum Abhaken gibt, sollte man einfach die gelassene Atmosphäre genießen und einige Blocks zwischen Queen Mary und Bay Street zu Fuß gehen.

Im Old Market am Meer residiert heute das Touristenbüro, während der **Neue Markt** (**Sa morgens) nun an der Mündung des Roseau River stattfindet.

Am östlichen Stadtrand liegt der 1891 gegründete, etwas vernachlässigte ***Botanical Garden.** Sein Paradestück ist ein Bus, den Hurrikan »David« regelrecht niederwalzte. Auf der Straße entlang dem Roseau River gelangt man nach ca. 15 Minuten zu den ***Trafalgar Falls** (kurzer Fußweg), die 60 m tief von schwarz glänzenden Vulkanfelsen herabstürzen. Wo zusätzlich heißes Quellwasser austritt, erscheint das Gestein rostrot gefärbt. Einheimische führen über die rutschigen Felsen zu den Badeplätzen.

Dominica

- **Steckbrief:** 751 km^2, 75 000 Einw.; Sprachen: Engl., Franz.-Patois; Währung: EC $. Höchster Gipfel: Morne Diablotins (1447 m).
- **Attraktionen/Sport:** Abenteuer, Regenwald, Wasserfälle, Schwefelquellen, Kariben-Reservat. ***Wandern, **Tauchen, **Mountainbiking, *Baden.
- **Dominica Tourist Office,** 1 Collingham Gardens, London SW5 0HW, Tel. (00 44-171) 8 35 19 37. www.delphis.dm

Viel Regen: Dominica grünt und blüht

Im Landesinneren

Die tropische Landschaft des ****Morne Trois Pitons National Park** erschließen abwechslungsreiche Wanderrouten. Kurz vor der Ortschaft Laudat zweigt eine Piste (nur für Geländewagen) zum **Freshwater Lake** ab. Nahe dem idyllischen See beginnt der **Boeri Lake Trail** (feste Schuhe erforderlich!), der in 45 Min. durch dichten Farnwald bergauf zu einem weiteren See, Boeri Lake, führt. Für die 8- bis 10-stündige Tour von Laudat zum ****Boiling Lake** bedarf es guter Kondition sowie eines ortskundigen Führers. Unterwegs durchwandert man zunächst Regen- und Nebelwald, dann das **Valley of Desolation.** Im »trostlosen Tal« verhindern übel riechende Schwefelquellen fast allen Pflanzenwuchs. Faszinierend wirkt der »kochende See«: Durch vulkanische Energie aufgeheizt, brodelt und blubbert die Oberfläche des ca. 600 m² großen Gewässers unablässig vor sich hin.

**Nordost- und Westküste

Quer durch den dampfig-feuchten Urwald im Hinterland führen zwei atemberaubend enge Landstraßen, eine zweigt am Canefield Airport ab, die andere in Layou. Nördlich von Pont Cassé verläuft die Strecke nach Marigot und zum ****Carib Territory** (s. S. 76) durch weite Bananenpflanzungen.

Die kurvenreiche Fahrt entlang der **Nordostküste,** von Marigot nach Portsmouth, garantiert einzigartige Ausblicke auf schwarze Strände, Steilküste und dösende Fischerdörfer. **Portsmouth** (2500 Einw.), der zweitgrößte Ort Dominicas, verfügt seit 1991 über einen Kreuzfahrtpier an der Prince Rupert Bay. Nördlich davon liegen die dunkle Purple Turtle Beach und die Ruinen von Fort Shirley im ***Cabrits National Park.** An der Mündung des ***Indian River,** am südlichen Ortsrand, befahren Boote ein Labyrinth aus natürlichen Kanälen und Mangrovenwurzeln.

Tipp Zu den exotischen Wasservögeln empfiehlt sich der **Aus-**

Seite 75

Pfahlbau im Carib Territory – der Lebensstandard im Reservat der Caribs ist niedrig

Die letzten Kariben

Robuste Kämpfernaturen, siegesgewohnte Krieger und sogar Kannibalen sollen sie gewesen sein, glaubt man den Berichten der Eroberer. Falls dieses Bild vom Volk der Kariben je stimmte – nichts erinnert jetzt daran: Friede, Lethargie und bisweilen Resignation zeichnen das Leben im **Carib Territory, jenem 15 km² kleinen Landgeschenk Königin Victorias aus dem Jahre 1903. Zwar zeugen manche Gesichter in den sechs Regenwalddörfern von der Verwandtschaft zu den Indianern Südamerikas, aber von rund 3000 Menschen sind lediglich 30 reinrassige Caribs und die Sprache ihrer Ahnen haben sie längst vergessen.

»Wir sind völlig auf uns selbst angewiesen«, erklärt Faustulus Frederic, Lehrer und Chronist der Gemeinde. Nicht einmal für die Kanalisation im Hauptort Salibia bringt die Inselregierung Mittel auf. In Faustulus' Schule fehlen Bücher und Kreide, fast nirgends gibt es elektrischen Strom. Die Erlöse aus Bananen- und Kokosnussanbau sowie dem Verkauf der feinen, mit Erde gefärbten Flechtarbeiten reichen gerade, um die bescheidenen Holzhütten auf blanker Erde instand zu halten.

Die Caribs sind als geschickte Handwerker bekannt. Zum Fischen benutzen sie noch immer das traditionelle Kanu, aus dem Stamm eines einzigen Baumes gearbeitet. Junge Leute gehen heute zum Geldverdienen auf die Plantagen außerhalb des Territoriums. Von denen, die bleiben, wirken viele zurückgezogen, schüchtern, fast apathisch. Rum und Bier machen schon tagsüber die Runde. 1992, zum 500. Jubeljahr, hat das Reservat eine neue Betonkirche bekommen. Über dem Portal prangt ein Wandgemälde: Kolumbus' stolze Flotte nimmt Kurs auf ein tropisches Eiland, am Strand stehen staunend ein paar Indianer. Sehen so »Kämpfer« aus?

Seite 75

flug im Ruderboot, z. B. mit Andrew O'Brien, Cobra genannt.

Die **Westküste,** ruhiger und trockener als die dem Passat und der Atlantikbrandung ausgesetzte Ostseite, bietet einige Badeplätze, z. B. am Castaways Hotel bei St. Joseph. Einen Eindruck von den Regenwäldern der Northern Forest Reserve am Morne Diablotins (1447 m) gewinnt man auf dem 1 km langen ***Syndicate Nature Trail** (bei Dublanc). Am Südkap Scott's Head finden Taucher in der ***Soufrière Marine Reserve** ideale Reviere vor.

Valley Road, Roseau, Tel. 448-2045, Fax 448-5840. Wegbeschreibungen für Wanderer bei: Forestry & Parks Office, Botanical Gardens, Tel. 448-2401.

Flughafen: Canefield Airport, 5 km nördl. Roseau; Melville Hall Airport, 63 km nordöstlich von Roseau (Taxis). Karibische Inseln. **Schiffsverbindungen:** Martinique, Guadeloupe.

Fort Young Hotel, Roseau, Tel. 448-5000, Fax 448-8065. Topadresse in altem Fort. ❍❍❍
▮ **Castaways Beach Hotel,** Mero Bay, Tel. 449-6244, Fax 449-6246. Sandstrand; Tauchbasis. ❍❍
▮ **Zandoli Inn,** Roche Cassée, Tel. 446-31 61, Fax 446-33 44, www.zandoli.com. Idyllisches kleines Hotel an der Südküste, naturverbunden, freundlich. ❍❍
▮ **Floral Gardens,** Concord, Tel./Fax 445-7636. Mitten im Wald; Tourenberatung, gute Küche. ❍❍
▮ **Vena's Guesthouse,** Cork St., Roseau, Tel. 448-3286. Globetrottertreff in Jean Rhys' Geburtshaus mit einfachen, lauten Zimmern. Nettes Restaurant nebenan. ❍

La Robe Creole, Victoria St., Roseau, Tel. 448-2896. Inselküche; gediegen. ❍❍
▮ **Papillote Wilderness Retreat,** Trafalgar Falls Rd., Tel. 448-2287. Idyllische Lage, auch Gästezimmer. ❍❍
▮ **Blue Max Café,** Hannover St., Roseau, Tel. 449-8907. Ideal fürs Frühstück. ❍

Tipp Touren/Führer: **Ken's Hinterland Adventure Tours,** Roseau, Tel. 448-4850, Fax 448-8486.
▮ Tauchen/Mountainbiking: **Nature Island Dive,** Soufrière, Tel. 449-8181, Fax 449-8182.

Tropicrafts, Queen Mary St./Turkey Lane, Roseau. U. a. Korbwaren der Carib Indians.

Saint Lucia

Vermutlich sichteten die Europäer St. Lucia (sprich: sent lúscha) erst relativ spät im 16. Jh. Nach anfänglichem Widerstand der Kariben konnte sich 1650 Franzosen erstmals festsetzen. Die Insel wechselte anschließend mindestens 15-mal zwischen den konkurrierenden Kolonialmächten, bevor sie 1814 unter britische Herrschaft geriet.

Der seit 1979 unabhängige Staat setzt heute nicht mehr nur auf den traditionellen Bananenexport, sondern verstärkt auf Tourismus. Obwohl die boomende Ferienbranche das Bild stellenweise bereits stark prägt, begeistert St. Lucia seine Besucher noch immer mit tropischen Bilderbuchlandschaften und traumhaften Stränden.

Castries und der Nordwesten

Die Hauptstadt **Castries** (55 000 Einw.) hat außer der schönen Lage an der gleichnamigen Hafenbucht kaum Sehenswürdigkeiten aufzuweisen.

Seite 79

Besonders Samstag vormittags sollte man Castries besuchen, vor allem des quirligen und reich bestückten **Marktes** wegen (Ecke Jeremie/Peynier St.).

Der Platz vor der Kathedrale, den ein 400-jähriger Regenbaum *(saman tree)* beschattet, wurde nach dem auf St. Lucia gebürtigen Literaturnobelpreisträger Derek Walcott benannt.

Die touristische Hochburg liegt im Nordwesten der Insel, bei Gros Islet an der weiten **Rodney Bay** (Jachthafen, Sandstrand *Reduit Beach). ***Pigeon Island** ist über einen Damm mit St. Lucia verbunden. Fort Rodney (1782) und ein kleines Museum erinnern an die Eroberungskämpfe der Kolonialzeit.

Die Westküste südlich von Castries

Von Castries nach Süden führt die Verlängerung der Bridge Street zunächst steil bergauf durch den Vorort Morne Fortune (schöner *Rundblick). Bald nach der Gabelung Richtung Soufrière folgt eine schmale Abzweigung zur ***Marigot Bay.** Die malerische Bucht, in der 1966 Szenen von »Dr. Doolittle« gedreht wurden, ist heute als schicker Ankerplatz für Jachten bekannt.

Die löchrige Straße lässt nun keine Anhöhe mehr aus und schlängelt sich über zahllose Haarnadelkurven zu den idyllischen Fischerorten ***Anse la Raye** und **Canaries** hinunter. Die letzten 5 km der Strecke vor ****Soufrière** zählen zum landschaftlich Faszinierendsten, das die Karibik zu bieten hat: Den fotogenen Vordergrund malen die bunten Häuser des Städtchens an der smaragdfarbenen Soufrière Bay. Dahinter erheben sich, von tiefgrünem Regenwald überwuchert, die Zuckerhut-Kuppen von **Petit Piton** (736 m) und **Gros Piton** (795 m).

Ein Gegengewicht zu den vielen All-inclusive-Clubs bilden die gemütlichen **Inns of St. Lucia** (Infos beim Verkehrsamt, s. li.); besonders schön: **Fox Grove Inn,** Mon Repos, Tel. 454-0271, ○○; **Glencastle Resort,** Rodney Bay, Tel. 450-0833, ○○.

Wenige Kilometer landeinwärts dampfen in den ***Diamond Gardens,** einem wunderbar gepflegten tropischen Park, heiße Schwefelquellen. Ludwig XVI. von Frankreich ließ die bis zu 100 °C heißen Fluten in Becken fassen, die – sauber renoviert – heute wieder zur Rheumabehandlung Anwendung finden.

Immer der Nase nach gelangt man zum ***Soufrière-Kraterfeld,** hier wartet brodelndes Schwefelwasser.

***Choiseul** und **Laborie** sind ideale Plätze, um europäische Hektik gegen karibisches Phlegma einzutauschen.

Etwa auf halbem Weg zwischen den Ortschaften verbirgt sich in einem wunderschönen, verwunschenen Park auf der Meerseite das 200 Jahre alte ***Balembouche Estate House.** Die deutsche Besitzerin Uta

Saint Lucia

- **Steckbrief:** 622 km^2, 155 000 Einw.; Sprachen: Englisch, Französisch-Patois; Währung: EC $.
- **Attraktionen/Sport:** Strände, Landschaft, tropische Vegetation. ***Baden, **Segeln, **Tauchen, *Wandern, *Reiten, *Golf, *Nachtleben.
- **Infos:** 421a Finchley Rd., London NW3 6HJ, Tel. (00 44) 207-431 36 75, Fax 207-431 79 20, www.stlucia.org

Seite 79

Lawaetz veranstaltet Abendessen bei Kerzenlicht und vermietet Zimmer (Tel. 455-1244). ○○

In ***Vieux Fort** (65 km von Castries), früher Hauptstadt der Insel, werden heute Bananen für den Export verladen, den umliegenden Stränden geben einige Hotels internationales Flair. Vom Leuchtturm am Südkap ***Moule à Chique** sieht man bis nach St. Vincent. Vorbei am Hewanorra Airport (indianisch: Land des Leguans) führt der Windward Highway entlang der atlantisch-zerklüfteten Küste via Micoud und Dennery (*Aussicht) zurück nach Castries.

Pointe Seraphine, Castries, Tel. 452-4094, Fax 453-1121.

Flughafen: Hewanorra Intl., 64 km südlich Castries (Taxis), USA, Europa.

Karibisches Wahrzeichen: der Petit Piton auf Saint Lucia

Vigie Airport, 3 km nördl. von Castries (Taxis), karibische Inseln; Flugzubringer nach Hewanorra.
Schiffsverbindungen: Martinique, Dominica.

Royal St. Lucian, Reduit Beach, Tel. 452-9999, Fax 452-9639. Luxus an der Touristenmeile Rodney Bay. ○○○

Anse Chastanet, Soufrière, Tel. 459-7000, Fax 459-7700. Reizvolle, ruhige Lage, Sandstrand. Ideal zum Schnorcheln, gute Tauchschule. ○○○

Hummingbird Beach Resort, Soufrière, Tel. 459-7232, Fax 459-7033. Hübsche Häuschen im karibischen Stil. ○○

The Islander, Rodney Bay, Tel. 452-8757, Fax 452-0958. Unprätentiöses Urlaubsdomizil, strandnah. ○○

Rain Again, Derek Walcott Square, Castries, Tel. 452-1515. Französisch-karibische Küche, lässige Eleganz. ○○○

Seite 79

- **The Still,** Soufrière, Tel. 459-7224. Traditionslokal, bodenständige Küche, mittags Buffet. Gästezimmer, Filiale am Strand. ◯◯
- **Spinnakers,** Rodney Bay, Tel. 452-8491. Preiswerte, abwechslungsreiche Speisekarte, am Reduit Beach. ◯◯

Bars und **Diskos** an der Rodney Bay, freitags **Straßenfest** in Gros Islet.

Tipp Golf: **Cap Estate Golf Club,** Tel. 450-8523, am Nordkap.
- Reiten: **International Riding Stables,** Gros Islet, Tel. 452-8139.
- Jachtcharter: **The Moorings,** Marigot Bay, Tel. 451-4357, Fax 451-4353.

St. Vincent & The Grenadines

Wer sein persönliches Robinson-Idyll noch sucht, muss sich die Grenadinen von St. Vincent vormerken: Nicht umsonst zieht es die internationale Hautevolee Winter für Winter nach Mustique oder Canuan. Auch St. Vincent selbst geizt nicht mit Reizen: Schwarze Lavasandstrände, Regenwald und die ursprüngliche Freundlichkeit der Insulaner zählen zu seinen starken Seiten. Touristisch steht der Kleinstaat am Anfang, vorläufig lebt man vor allem von Landwirtschaft.

Die Urbevölkerung wehrte sich lange erfolgreich gegen die Kolonisatoren. 1675 verbrüderten sich schiffbrüchige Sklaven mit den Kariben; ihre Nachkommen werden *Black Caribs* genannt. 1796, als sich England gegen sie und die französische Konkurrenz durchsetzte, wurden die meisten widerspenstigen »schwarzen Kariben« deportiert. 1902 tötete ein Ausbruch des Vulkans Soufrière 2000

St. Mary's Cathedral, Kingstown

Menschen und 1979 – im Jahr der Unabhängigkeit – wurden wegen einer Eruption 20 000 Menschen evakuiert.

St. Vincent

*Kingstown

Die Hauptstadt (36 000 Einw.) des 34-Insel-Staates – zugleich touristischer Mittelpunkt – liegt an einer malerischen Bucht zu Füßen des Mount St. Andrew (736 m). Die Stimmung an den Hafenpiers ist gemütlich, viele Häuser stammen aus dem 18./19. Jh.

Die ***Markthallen** sollte man Samstag morgens besuchen, wenn Händler und Kleinbauern ihre exotischen Waren mit Booten aus allen Teilen der Insel anlanden.

Als Wahrzeichen gilt ***Fort Charlotte** (18. Jh.) im Westen der Kingstown Bay. Die Festung eröffnet das klassische **Panorama auf die Stadt. Der älteste ***Botanische Garten** Amerikas, am Nordwestrand von Kingstown, wurde 1765 gegründet und präsentiert stolz einen angeblich originalen Brotfruchtbaum von Captain Bligh (»Die Meuterei auf der Bounty«).

The Attic, Grenville St., Kingstown, Tel. 457-2558. Jazzklub und Restaurant, am Wochenende wird Livemusik geboten.

Rund um die Insel

Präkolumbische **Steingravierungen** (engl.: *petroglyphs*) erfüllten vermutlich kultische Zwecke. Bei ***Layou** und ***Barrouallie** sind die schönsten und am einfachsten zugänglichen Steinbilder erhalten. Auf einem der gut ausgebauten ***Nature Trails** rund um Vermont, u. a. zum ***Parrot Lookout** (400 m), kann man mit Glück eine der heimischen Papageienarten zu Gesicht bekommen.

Die westliche Küstenstraße endet 47 km nach Kingstown an der herrlichen und dunkelsandigen ***Richmond Beach** mit der vorgelagerten Insel Chateaubelair. Von hier schippern Ausflugsboote zu den ***Falls of Baleine,** einer 20 m hohen Kaskade inmitten üppiger Vegetation.

Im Südosten der Insel lässt die tropische Erde des paradiesischen ***Mesopotamia Valley** (auch: Marriaqua Valley) unter dem Einfluss des Regen bringenden Passats offenbar alles opulent sprießen, was der Mensch sät: Bananen, Muskat, Kakao, Brotfrucht und vieles mehr. Eine Pfeilwurzplantage (Ernte Okt.–März) kann in der Ortschaft Friendly (Colonarie) besichtigt werden. Vorbei an den erstarrten Lavafluten des Rabacca Dry River schlängelt sich eine ruppige Straße durch weite Kokos- und Orangenpflanzungen bis ans Nordkap bei Fancy. Das prächtigste Panorama der nördlichen Inselhälfte bietet sich vom Vulkangipfel ****La Soufrière** (1235 m). Für den Schweiß treibenden Anstieg von Georgetown bis zum dampfenden Kraterrand (Führer ratsam!) rechnet man ca. 3 Std. Gehzeit.

St. Vincent

- **Steckbrief:** 389 km², 112 000 Einw.; Sprachen: Englisch, Kreolisch; Währung: EC $.
- **Attraktionen/Sport:** Schwarze Strände, Regenwald, Vulkanismus, Robinson-Idyllen auf den Grenadinen. ***Baden, ***Segeln, **Tauchen und Schnorcheln, *Wandern, *Surfen.
- **Infos:** 10, Kensington Court, London W8 5DL, Tel. (00 44) 171-937 65 70, Fax 937 36 11, www.svgtourism.com

Bay Street, Kingstown, Tel. 457-1502, Fax 456-2610.

Flughafen: Arnos Vale Airport, 4 km südöstlich von Kingstown (Taxis). Verbindungen zu den Windward-Inseln, Charter auf die Grenadinen.
Schiffsverbindungen: Unregelmäßige Post- und Frachtdienste zu allen Grenadinen.

Young Island Resort, Tel. 458-4826, Fax 457-4567. Palmenidyll auf Privatinsel (auch Tagesausflug nach tel. Anmeldung mögl.). Großes Sportangebot. ○○○
- **Grand View,** Villa Point, Tel. 458-4811, Fax 457-4174. Herrliche Sicht über die Indian Bay. ○○○
- **Cobblestone Inn,** Kingstown, Tel. 456-1937, Fax 456-1938. In historischem Lagerhaus an der Waterfront, preiswert und freundlich. ○○

The French Restaurant, Villa Beach, Tel. 458-4972. Französisch-karib. Essen im Freien. ○○
- **Aggie's Bar,** Grenville St., Kingstown, Tel. 456-1763. Nur mittags, ausgezeichnetes *local food.* ○○

Tipp Tauchen: **Dive St. Vincent,** Young Island Dock, Tel. 457-4714.

Die Grenadinen

****Bequia** (sprich: beck'wéj), die mit 18 km² größte der Grenadinen, war früher eine Insel der Bootsbauer und Walfänger. An diese Traditionen erinnert das Walmuseum von Athneal Ollivierre, »the last harponeer« genannt, im gemütlichen Hauptort Port Elizabeth. Heute bedienen die Werften auf Bequia den Jachttourismus. Lieblingsbuchten der Skipper sind Admirality Bay und Friendship Bay. Ideale Strände zum Baden und Tauchen gibt es fast überall.

Ein kleines Tourismusbüro gibt es im Hauptort Port Elizabeth, Tel. 458-3286.

Flug-/Schiffsverbindungen: St. Vincent, Grenadinen.

The Plantation House, Tel. 458-3425, Fax 458-3612. Bungalows, hübsche Strandvillen, ideal für Wassersportler. ❍❍❍
▮ **The Frangipani,** Tel. 458-3255, Fax 458-3824. Einfache, freundliche Unterkunft im renovierten Kapitänshaus. ❍❍

Tipp **Bootstrips** mit umgebautem Postsegler »The Friendship Rose«, Infos: Local Color Boutique, Tel. 458-3202.

****Union Island** heißt bei Kennern oft »Tahiti der Karibik«, weil seine zerklüfteten Felsformationen und traumhaften Badeplätze (vorgelagert: *Palm Island) an Südseelandschaften erinnern. Die Nachbarinseln Mayreau, Petit St-Vincent und vor allem die winzigen Tobago Cays sind für Schnorchler und Segler wahr gewordene Träume.

Flug-/Schiffsverbindungen: St. Vincent, Grenadinen.

Anchorage Yacht Club, Tel. 458-8221, Fax 458-8365. Beliebter Jachttreff. ❍❍

Das halbmondförmige ***Canouan** (8 km²) ist Heimat von rund 800 Fischern und Gemüsebauern. Zum Schwimmen und Schnorcheln eignen sich die riffgeschützten Strände an Windward Bay und Glossy Bay hervorragend.

Flug-/Schiffsverbindungen: St. Vincent

Tamarind Beach Hotel & Yacht Club, Tel. 458-8044, Fax 458-8851. Elegante neuere Anlage an weißem Traumstrand. ❍❍❍
▮ **Villa Le Bijou,** Tel. 458-8025. Reizendes kleines Hotel in herrlicher Lage. ❍❍

Grenada

Die Muskatnuss ziert sogar die Nationalflagge – Grenada, die »Gewürzinsel«, pflegt seinen Ruf als *The Spice Island* der Karibik. Zwei Drittel des Weltbedarfes an Muskat wachsen auf ihren fruchtbaren Vulkanböden, dazu Zimt, Vanille, Piment, Gewürznelken, Kakao. Neben dem Besuch der Plantagen stehen vor allem die schönen Strände des Südwestens, stille Fischerdörfer im Norden und tropischer Regenwald im Hinterland auf dem Programm.

Kurzzeitige Berühmtheit erlangte Grenada, als US-Invasionstruppen im Kleinstaat 1983 (unabhängig seit

Seite 84

1974) eine drohende »Kubanisierung« verhinderten. Dass seither wieder gute Beziehungen gepflegt werden, wirkt sich auf die Besucherzahlen positiv aus. Dennoch ist Grenada ein eher beschauliches Urlaubsziel mit viel ursprünglichem Flair geblieben.

**St. George's und der Süden

St. George's (35 000 Einw.), Hauptstadt und wichtigster Hafen, bezieht seinen speziellen Reiz aus der Mischung französischer und englisch-georgianischer Baustile: 1674–1783 blieb die Insel im Besitz Frankreichs, erst danach war sie britische Kronkolonie. Besonders schön ist die Lage der Stadt an der hufeisenförmigen ***Carenage,** dem inneren Hafen. Vom Meer ziehen sich die Straßen in engen Schleifen über grüne Hügel hinauf. Ein komplettes Panorama von St. George's bietet sich von ***Fort George,** das die Franzosen 1710 am Hafeneingang platzierten. In einem früheren Kerker (1704) an der Geschäftsstraße Young Street präsentiert das ***National Museum** eine kuriose Mixtur historischer Exponate von vergilbten Sammelbildchen bis hin zu den Stahlhelmen von US-Marines.

Ein sehenswertes Beispiel georgianischer Architektur ist ***York House** (1780), in dem das Parlament Grenadas tagt. Schräg gegenüber steht die katholische Kirche, deren Glockenturm auf das Jahr 1818 zurückgeht.

Beide Gebäude thronen auf der Anhöhe Market Hill, zu deren Füßen am ***Market Square** in den Morgenstunden einer der farbigsten Märkte Westindiens pulst. Die felsige Halbinsel von Fort George durchsticht der Sendal Tunnel (1895) in Richtung ***Esplanade,** dem lebhaften äußeren Hafen (Fisch- und Fleischmarkt, Minibus-Terminal). Hübsche Souvenirs in

An der Carenage von St. George's

großer Auswahl gibt es am **Craft Market,** Port Highway.

Am 3 km langen Sandstrand der ****Grand Anse Bay** (zwischen Flughafen und St. George's) konzentrieren sich die Ferienhotels, Restaurants und Wassersportanbieter der Insel. Weniger Trubel herrscht noch an der südlichen ***L'Anse aux Épines.**

In Richtung Norden

Von der Küstenstraße nach Norden zweigt im Dorf Concord (15 km) ein steiler, ruppiger Fahrweg in Richtung ***Concord Falls** ab. Uniformierte führen gegen ein Trinkgeld auf einem

Grenada

- **Steckbrief:** 345 km², 95 000 Einw.; Sprache: Englisch; Währung: EC $.
- **Attraktionen/Sport:** Abwechslungsreiche Landschaft, Muskatplantagen, Strände, Regenwald. **Baden, **Tauchen und Schnorcheln, **Wandern, *Golf.
- Infos: 1 Collingham Gardens, Earl's Court, London SW5 0HW, Tel. (00 44) 171-370 51 64, Fax 171-244 01 77, www.grenada.org

Muskatnuss mit Samennetz (Mazisblüte)

30-minütigen Pfad zu den idyllischen Wasserfällen mit Bademöglichkeit.

In Gouyave (19 km) öffnet wochentags die ***Grenada Cooperative Nutmeg Assoc.** ihre **Muskatverarbeitung** auch für Besucher. Auf der Straße verkaufen Händler hübsch verpackte Gewürzpotpourris als Souvenirs.

Wer Kakao, Muskat und Zimt noch am Baum sehen möchte, ist beim **Dougalston Spice Estate** (landeinwärts von Gouyave) richtig.

An der Steilküste **(Carib's Leap)** bei Sauteurs (36 km) stürzten 1651 die 40 letzten Kariben in den Freitod, um nicht den Franzosen in die Hände zu fallen. Die äußerste Nordspitze, der

Sitting on a dock of the bay ...

***Levera National Park,** zieht mit seinen unverbauten Sandstränden (vorgelagerte Inseln Sugar Loaf und Green Island) am Wochenende zahlreiche Ausflügler an.

Für die stilvolle Lunchpause bietet sich ***Betty Mascoll's Plantation House** (Gästezimmer, Tel. 442-9330) in Morne Fendue an. Das antik möblierte Haus wurde 1912 errichtet.

Von *Grenville ins Landesinnere

Vorbei an Lake Antoine, einem Kratersee vulkanischen Ursprungs, führt die östliche Küstenstraße nach **Grenville.** Die zweitgrößte Stadt der Insel lebt von Handel und Fischerei; besonders munter gibt sich der freundliche Marktflecken Samstag vormittags. Das gebirgige, tropisch-grüne Inselinnere erkundet man am besten in der ****Grand Etang Forest Reserve.** Am Visitor's Centre (550 m), etwa auf halbem Weg zwischen Grenville und der Hauptstadt, beginnen markierte Pfade *(Nature Trails)*.

Burns Point, St. George's,
Tel. 440-2279, Fax 440-6637.

Flughafen: Point Salines Intl.,
10 km südlich von St. George's (Taxis). USA, Großbritannien, Karibik.

Seite 84

Schiffsverbindung: Mehrmals wöchentlich Carriacou.

The Calabash, L'Anse aux Épines, Tel. 444-4334, Fax 444-5050. Schöne Bungalows in Strandlage, viele Wassersportmöglichkeiten. ❍❍❍

▮ **Grand Beach Resort,** Grand Anse Bay, Tel. 444-4371, Fax 444-4800. An Grenadas Paradestrand, großer Park, Tauchbasis. Etwas unpersönlich. ❍❍❍

▮ **The Flamboyant,** Grand Anse Bay, Tel. 444-4247, Fax 444-1234. Einfache Apartments, attraktive Hanglage. ❍❍

▮ **La Segesse Nature Center,** St. David's, Tel./Fax 444-6458. Altes Plantagenhaus an einer einsamen Bucht, sehr gute Küche. ❍❍

▮ **Tropicana Inn,** Lagoon Rd., St. George's, Tel. 440-1586, Fax 440-9797. Praktisches Stadtdomizil. ❍❍

Mamma's, Lagoon Rd., Tel. 440-1459. Bodenständiges und Exotisches: typisch Grenada. ❍❍

▮ **Rudolf's,** The Carenage, Tel. 440-2241. Preiswerte Inselküche in rustikalem Rahmen, gute Weinkarte. ❍❍

▮ **The Red Crab,** L'Anse aux Épines, Tel. 444-4424. Ausgezeichnete karibische Fischküche und gegrillte Steaks, häufig Livemusik. ❍❍

Tanz und Livemusik in vielen Hotels und Diskos wie **Island View Nightclub, Rhum Runner, Bolero.**

Tipp

Wandern/Ausflüge: **Henry's Safari Tours,** Tel. 444-5313.

▮ Reiten: **The Horseman,** Tel. 440-5368.

Muskatsirup/-marmelade: in Supermärkten.

▮ Rum: **River Antoine Estate.**

▮ Kunsthandwerk: **Yellow Poui Art Gallery,** Cross St., St. George's.

***Carriacou** (Hauptort Hillsborough; 7500 Einw.) ist die größte der nördlich vorgelagerten Grenadines of Grenada. Sie entwickelt sich dank exzellenter Strände zum beliebten Ausflugsziel.

Schiffs-/Flugverbindung: Grenada.

Caribbee Inn, Tel. 443-7380, Fax 443-8142. Reizendes, typisch karibisches Haus. ❍❍

Cocktail in Sandalen

***Mustique,** seit 1959 in Privatbesitz, renommiert als eines der exklusivsten VIP-Refugien der Karibik. Princess Margaret, Mick Jagger und David Bowie besitzen hier Villen. Statt steifer Eleganz wird gerne tropische Lässigkeit kultiviert: Zum Cocktail erscheinen Lord und Mylady in Sandalen und verwaschenen Bermudas, man plaudert über die exquisite Privatparty vom Wochenende. Außerdem gibt es zauberhafte *gingerbread houses,* fantastische Strände und nur einen Platz für den *sundowner:* **Basil's** legendäre Bar.

Flug-/Schiffsverbindungen: St. Vincent, Grenadinen.

▮ **The Cotton House,** alte Plantage, elegant. Tel./Fax 456-4777. ❍❍❍

▮ **Firefly Guest House,** die einzige, kaum günstigere Übernachtungsalternative. Tel. 458-4621. ❍❍❍

Seite 87

Barbados

Zuckerrohr und weißer Sand

Weil Barbados 160 km abseits des Windward-Gürtels liegt, nahmen erst 1518 portugiesische Seefahrer von seiner Existenz Notiz. Die Besiedelung der Insel unternahm England ab 1625. Durch Plantagenwirtschaft gelangten die Kolonisten bald zu beträchtlichem Wohlstand. Als einzige Karibikinsel blieb Barbados bis zur Unabhängigkeit 1966 ohne Unterbrechung britisch. An die Stelle der Zuckerproduktion treten zunehmend Tourismus und Handel; Barbados gilt heute als die wohlhabendste Windward-Insel. Von karibischen Nachbarn wird seinen Bewohnern, den Bajans, gerne ein Hang zu Eigensinn und Spleenigkeit nachgesagt.

Little England der Antillen: In dieses Bild passen auch die zahlreichen viktorianischen Herrenhäuser, der traditionelle Nachmittagstee in mondänen Hotels und die Leidenschaft für Kricket. Anstatt Londoner Nebels verwöhnen den Besucher jedoch ein ausgeglichenes Sonnenklima (nur im November kann es heftig regnen), weiße Strände und gute Sport- und Unterhaltungsmöglichkeiten.

*Bridgetown

Die Inselkapitale an der Carlisle Bay wuchs nach ihrer Gründung 1628 rasch und planlos entlang dem Meeresarm Constitution River. Mit rund 110 000 Einwohnern zählt sie heute zu den großen karibischen Hauptstädten. Handel und Bankgewerbe verleihen ihr ein modernes, betriebsames Äußeres. Anlass zur Hektik besteht dennoch nicht: Die Stimmung bleibt freundlich-entspannt und auch das touristische Pflichtprogramm bringt niemanden ins Schwitzen.

Die neugotischen ***Public Buildings** aus dem Jahr 1874 liegen am National Heroes Square, dem zentralen Platz an der **Careenage,** dem inneren Hafen. Sie beherbergen das Parlament (House of Assembly) und andere Behörden des Inselstaates.

Den Logenplatz an der Careenage hat man an einem der Tische des **Waterfront Café** (○○) auf der gegenüberliegenden Seite der Chamberlain Bridge.

Bridgetowns Hauptgeschäftsstraße ist die **Broad Street,** wo Kaufhäuser, Dutyfree-Boutiquen und Souvenirshops einander abwechseln. Am westlichen Ende ihrer Fortsetzung, der Lower Broad Street, stößt man rechts auf die **St. Mary's Church** (1827) sowie links auf den **Cheapside Fruit Market** (*Sa morgens). Weiter stadtauswärts nahe dem Tiefwasser-

Barbados

- **Steckbrief:** 430 km², 276 000 Einw.; Sprache: Englisch; Währung: Barbados Dollar (BDS $).
- **Attraktionen:** Herrliche Sandstrände im Westen, Steilküste im Osten, englische Herrenhäuser.
- **Sport/Unterhaltung:** ***Baden, **Surfen, **Schnorcheln und Tauchen, **Nachtleben, **Golf, *Wandern.
- **Infos:** Neue Mainzer Str. 22, 60311 Frankfurt/M., Tel. (0 69) 24 26 96 30, Fax 23 00 77, www.barbados.org

Seite 87

hafen liegt in praktischer Reichweite der Kreuzfahrtpassagiere **Pelican Village,** ein Basar, in dem mehr oder weniger originelles Kunsthandwerk verkauft wird.

Östlich des National Heroes Square erhebt sich die anglikanische **St. Michael's Cathedral,** die 1789 erbaut wurde. Die ****Bridgetown Synagogue,** 1654 gegründet, kann als ältestes jüdisches Bethaus der Neuen Welt gelten und wird seit der detailgetreuen Renovierung wieder von Gläubigen genutzt (Öffnungszeiten: Mo–Fr 9 bis 16 Uhr).

Über die von abbruchreifen Animierbars gesäumte Bay Street gelangt man rasch in Richtung Südküste. Vorbei an der katholischen **St. Patrick's Cathedral** (1849) und **Crofton House,** wo 1751 Barbados' erster VIP-Tourist, George Washington, logierte, führt die Straße zum ehemaligen Truppenübungsplatz ***Garrison Savannah.** Heute finden auf dem Oval mit dem hübschen Türmchen über der alten Offiziersmesse Krickettturniere und Pferderennen statt. Sehr zu empfehlen ist der Besuch des ***Barbados Museum** an der Nordostseite des Platzes. Die

Seite 87

im ehemaligen Militärgefängnis untergebrachte historische Sammlung zählt zu den interessantesten der gesamten Karibik (Öffnungszeiten: Mo bis Sa 10–18 Uhr).

Tipp **Barbados Heritage Passport** (in vielen Hotels erhältlich): vergünstigter Eintritt für alle Museen und Attraktionen der Insel (Barbados National Trust, Tel. 426-2421).

Der Südosten

Auf der südlichen Verlängerung der Bay Street, dem Highway 7, passiert man zunächst rechter Hand die populären Strände von **Hastings** und **Worthing,** gesäumt von zahllosen Fastfood-Lokalen und Apartmenthotels. Zur Amüsiermeile Einheimischer wie Touristen entwickelte sich **St. Lawrence Gap:** Entlang einer schmalen Straße am Meer herrscht hier Highlife in Nachtklubs und Restaurants.

Weit beschaulicher geht es noch im Fischerort ***Oistins** zu, auch wenn seit 1820 angeblich unruhige Geister auf dem Dorffriedhof umgehen und in der »geheimnisvollen Gruft« (Mystery Vault) Särge verrücken.

Fast ein Muss ist die große Straßenparty, die sich immer freitag- und samstagabends rund um den Fischmarkt von Oistins abspielt: Flaschenbier, dröhnende Soca-Beats und frisch gegrillter Fisch – was will man mehr?

Landeinwärts über Six Cross Roads ist in kurzer Zeit ***Sunbury Plantation House** erreicht. Der mehr als 300 Jahre alte Bau, der dank massivem Mauerwerk allen Hurrikanen trotzte, ist nach einem verheerenden Großbrand im Jahr 1995 wieder zugänglich. Das edle, teils aus Mahagoni bestehende Mobiliar der Kolonialzeit wurde stilgerecht ersetzt.

Zurück an der Küste empfiehlt sich der Abstecher zum Traditionshotel ****Crane Beach,** an dessen leicht rosafarbenem Sandstrand sich bereits Mitte des 18. Jhs. Plantagenbesitzer erholten (Tel. 423-6220, Fax 423-5343; ○○○). Auf eine lange Ge-

Ein ruchloser Lord

Abenteuerliche Geschichten ranken sich um den Erbauer jenes georgianischen Herrensitzes, der heute den Mittelpunkt der Hotelanlage Sam Lord's Castle bildet. Samuel Hall Lord soll um 1820 italienische Stuckdecken und englische Stilmöbel für sein Privatschloss durch einen unfeinen Trick finanziert haben: In mondlosen Nächten ließ er Lampen auf die Palmen seines Anwesens verteilen, sodass sich die Kapitäne vorbeifahrender Schiffe dem sicheren Hafen nahe glaubten. Nachdem sie dann mit Mann und Maus am berüchtigten Cobblers Reef zerschellt waren, plünderte der saubere Lord ihre Frachträume. Die geraubten Schätze scheint der skrupellose Sam jedoch schnell durchgebracht zu haben. Als er starb, hinterließ er 18 000 Pfund Schulden ...

▮ **Sam Lord's Castle,** Hotel, Tel. 423-7350, Fax 423-6361. ○○○

Seite 87

Strandleben bei Sam Lord's Castle an der Ostküste

schichte blickt auch das Haupthaus des heutigen Ferienresorts ***Sam Lord's Castle** zurück (s. S. 88).

Von hier orientiert man sich entlang der Küstenlinie in Richtung des stillgelegten Leuchtturms am ***Ragged Point** (schöne Sicht), von dort aus weiter bis zum Theologie-Seminar ****Codrington College** (1702) mit einer stattlichen Allee turmhoher Kohlpalmen.

Raue Brandung umspült das Dorf **Bathsheba,** der ideale Ort für eine Mittagspause: Das **Atlantis Hotel** serviert barbadische Hausmannskost; legendär sind die sonntäglichen Buffets (Tel. 433-9445; ○○).

Voll auf ihre Kosten kommen Pflanzenfreunde nebenan in den liebevoll angelegten ****Andromeda Gardens.** Zu sehen sind u. a. mächtige Exemplare des »bärtigen« Feigenbaums *Ficus citrifolia,* dem Barbados seinen Namen verdankt.

Der Nordwesten

Die ***Westküste** verdient ihren glänzenden Beinamen **Platinum Coast** (oder: Gold Coast) nicht nur wegen des gleißenden Korallensandes, sondern auch aufgrund der Preise ihrer edlen Resorts (u. a. mit Golfklub). Zwischen Hotelanlagen und hohen Mauern hindurch führen schmale Fußwege zu den herrlichen, selbst vor den nobelsten Herbergen öffentlichen Stränden. Zwischen duftenden Imbiss-Ständen wandern Bauchladenhändler umher, flechten junge Frauen flink kunstvolle Zopffrisuren und sausen Jetskis lärmend über die Wellen.

Bei **Holetown,** das auch »The Hole« oder »Jamestown« genannt wird, gingen 1625 die Engländer erstmals an Land. Sehenswert sind die um 1660 gegründete und 1874 umgebaute St. James' Church und der Folkestone Underwater Park. Den submarinen Naturpark kann man per Glasbodenboot oder mit Schnorchel und Brille erkunden. An Land informiert ein kleines Museum über das Leben unter Wasser.

Einer der wenigen unverbauten Strandabschnitte der Westküste erstreckt sich einige Kilometer nördlich von Holetown: An der ***Mullins Bay** verbringen auch Barbadianer gerne den Feierabend.

Für das leibliche Wohl sorgt die populäre **Mullins Beach Bar.**

Manche Straßenzüge von ***Speightstown** (sprich: spaikstaun; »Little Bristol«), dem ehemals wichtigsten Zuckerhafen der Insel, verströmen noch die Atmosphäre kolonialer Zeiten. Entlang der *Church Street stehen Geschäftshäuser mit wackeligen Holzbalkonen im georgianischen Stil, die wenig sturmtauglich aussehen.

Seite 87

Seit Jahrhunderten kaum verändert: die »chattel houses«

Tipp Der **Arbib Nature Trail** führt bei Speightstown 7,5 km lang durch Busch, Berge und verlassene Plantagen an der wilden Nordwestküste (Führungen Mi, Do, Sa um 9 bzw. 14.30 Uhr; Infos: Tel. 426-2421).

Blick über den Scotland District

***St. Lucy** im äußersten Norden von Barbados wirkt stellenweise wie eine andere Welt: Es ist der ländlichste und am dünnsten besiedelte Bezirk; statt Autos begegnet man Black-Belly-Schafen auf den schlaglochübersäten Straßen und ab und zu stehen winzige *chattel houses* einsam in den Wiesen. Eine recht dürftige Beschilderung weist den Weg zur ****Animal Flower Cave** am North Point. In einer Grotte der zerklüfteten Steilküste leben farbige Seeanemonen, die zur Familie der Hohltiere zählen und »Tierblumen« – *animal flowers* – heißen (Öffnungszeiten: tgl. 9–17 Uhr).

Vom Herrenhaus im ***Farley Hill National Park** (Drehort des Hollywoodfilms »Island in the Sun« mit Harry Belafonte, 1957) stehen zwar seit dem Großbrand von 1965 nur noch die Grundmauern, aber schon die *Aussicht über das Inselinnere lohnt den Abstecher. Gegenüber, im **Barbados Wildlife Reserve,** turnen Grüne Meerkatzen kreischend in den Baumkronen. Inmitten eines prächtigen Mahagonihaines steht seit etwa 1650 das älteste englische Gutshaus der Insel: ****St. Nicholas Abbey** (Öffnungszeiten: Mo–Fr 10–15.30 Uhr). Alte Möbel, aufschlussreiche Schriftstücke aus der Zeit, als der Besitz mit Sklaven bewirtschaftet wurde, sowie ein Dokumentarfilm von 1934 erzählen den Werdegang der Plantage. Den wohl besten Rundblick über die Zuckerrohrfelder und die herb-schöne Atlantikküste des Scotland District hat man vom nahen ****Cherry Tree Hill.** Von dort windet sich eine steile Straße malerisch zur alten Zuckermühle ***Morgan Lewis Mill** (mit einer Ausstellung zum Zuckerrohranbau) und zur Küstenstraße (Hwy 2) hinunter.

In den Töpferstuben am **Chalky Mount** brennen die Handwerker einfache Tongefäße.

Nach Osten biegt eine kleine Seitenstraße zu ***Turner's Hall Woods** ab, dem kläglichen Rest tropischen Urwaldes, der nicht der Plantagenwirtschaft zum Oper fiel. Südlich davon ragt Mount Hillaby, der höchste Inselberg, bescheidene 340 m empor. ****Welchman Hall Gully** nennt sich eine 1 km lange, felsige Klamm, die ein walisischer Siedler 1860 mit Obstbäumen bepflanzte. Die verwilderten Kulturpflanzen bilden zusammen mit tropischem Gewächs einen dichten Dschungel, malerisch flankiert von Grotten und kleinen Höhlen. Wanderer erwartet hier ein eindrucksvolles Naturerlebnis. Tiefer hinein in den Fels führt die elektrische Bummelbahn in **Harrison's Cave,** einer Kette geräumiger Tropfsteinhöhlen mit rauschenden Bächen und Wasserfällen.

Harbour Rd., Bridgetown, Tel. 427-2623, Fax 426-4080. Filialen: Flughafen, Hafen. Gästemagazine »Sunseeker«, »The Visitor«.

Flughafen: Grantley Adams, 18 km östlich von Bridgetown (Taxis).
Busstation: Fairchild Market, Bridgetown. Private Kleinbusse in alle Richtungen.
Schiffsverbindungen: Partyfahrten, z. B. mit The Jolly Roger, Tel. 436-6424.

Royal Pavilion, Porters, Tel. 422-5555, Fax 422-3940. Ein Traum in Pink und Pastell, direkt an der Platinküste. ❍❍❍
- **Kings Beach,** Mullins Bay, Tel. 422-1690, Fax 422-1691. Sehr gute Ausstattung, nicht ganz so teuer. ❍❍❍
- **Casuarina Beach Club,** Dover, Tel. 428-3600, Fax 428-1970. Freundliches Hotel in schönem Palmengarten. ❍❍
- **Silver Sands Resort,** Christchurch, Tel. 428-6001, Fax 428-3758. Gutes Feriendomizil im Süden, bezahlbar. ❍❍
- **The Savannah,** Garrison Savannah, Tel. 228-3800, Fax 228-4385. Kleineres Haus, historischer Bau, stadtnah. ❍❍
- **Tree Haven,** Rockley, Tel. 435-6673. Preiswerte Studioapartments; sauber, freundlich, gut gelegen. ❍

Seite 87

Bagatelle Great House, St. Thomas, Tel. 421-6767. Stilvolles Speisen. Internationale und karibische Küche. ❍❍❍
- **The Cliff,** St. James, Tel. 432-1922. Spektakulärer Meerblick, karibische Top-Küche. ❍❍❍
- **The Lone Star,** Holetown, Tel. 419-0599. Exquisite Küche, edel-spartanisches Design, herrliche Strandlage. ❍❍❍
- **Pisces,** St. Lawrence Gap, Tel. 435-6564. Fisch und Meeresfrüchte in romantischer Lage. ❍❍
- **Holmes Bar,** Holder's Hill, St. James. Simples Bajan food abseits des Trubels. ❍

Diskos/Livemusik in St. Lawrence Gap, z. B. **The Reggae Lounge, Ship's Inn, Shak Shak.**
- Diskos in Bridgetown und Umgebung: **The Boatyard** und **Harbour Lights,** beide Bay Street.
- Live-Jazz: **Rusty Pelican,** Careenage, Tel. 436-7778.
- Dinnershows:

Barbados by Night, Plantation Garden, St. Lawrence, Tel. 428-5048. Aufwändiges Folklorespektakel.
1627 and All That, Tyrol Cot, Codrington Hill, Tel. 428-1627. Buntes Historienspiel.

Tipp Windsurfen: **Club Mistral Hotel,** Maxwell, Tel. 428-7277, Fax 428-2878.

Sehr zu empfehlen ist ein Besuch in der **Malibu Rum Distillery,** Brighton, Black Rock, St. Michael, Tel. 425-9393. Führungen und Kostprobe Mo–Fr 9–16 Uhr.

Seite 93

Trinidad und Tobago

Das ungleiche Paar

Trinidad gilt als Exot unter den Exoten, denn Naturwissenschaftler rechnen die Insel zu Südamerika; Erdölvorkommen und eine kontinentale Tierwelt erinnern mehr an Venezuela als an Karibik. Das Völkergemisch der Europäer, Chinesen, Afrikaner und Inder sorgt zudem für eine kosmopolitische Atmosphäre, wie man sie sonst nirgends in der Karibik verspürt. Alle ethnischen Unterschiede verfliegen spätestens im weltberühmten Karneval (s. S. 8). Der moderate Rhythmus des Reggae gibt auf Tobago das Tempo vor.

Geschichte, Gesellschaft

Trinidad (span. »Dreifaltigkeit«) wurde 1498 von Kolumbus für Spanien in Besitz genommen. Später kolonisierten französische Revolutionsflüchtlinge die Insel, 1802 lösten sie englische Besatzer ab und begründeten die territoriale Einheit mit Tobago. Erdöl bescherte Trinidad im 20. Jh. Wohlstand und führte in den 1970er Jahren zu einer Boomphase *(the fête)*. Premier Eric Williams leitete die Unabhängigkeit (1962) ein, seit 1976 ist Trinidad & Tobago (T&T) eine Republik. Mit Verfall der Ölpreise stürzte der Staat in eine Krise, die Ende der 1980er in sozialen Unruhen gipfelte. Das überwiegend von Schwarzen bewohnte, agrarisch geprägte Tobago besiedelten zuerst die Niederländer; danach wechselte es 31-mal zwischen Spaniern, Franzosen, Engländern und Piraten. Der Tourismus macht nur 5 % des Bruttosozialproduktes aus.

Trinidad & Tobago

- **Steckbrief:** 4828 km²/300 km², 1,3 Mio./50 000 Einw.; Sprachen: Englisch, Spanisch, Hindi. Währung: Trinidad & Tobago Dollar.
- **Attraktionen/Sport:** Karneval, Natur (Trinidad). Ruhe, ideale Strände, Natur (Tobago). **Tauchen und Schnorcheln (Tobago), **Golf, **Vogelbeobachtung.
- **Infos:** Am Schleifweg 16, 55128 Mainz, Tel. (0 61 31) 7 33 37, Fax 73307, www.visitTNT.com

Trinidad

***Port of Spain** (400 000 Einw.), die Hauptstadt der Republik, ist das perfekte Abbild einer multikulturellen Gesellschaft. Zwei neugotische Kathedralen, Hindutempel, Moscheen, orientalische Basare und moderne Hochhäuser stehen wie selbstverständlich nebeneinander. Das Zentrum der agilen Großstadt bildet der *Woodford Square, wo im Stil des Londoner »Speaker's Corner« jedermann Reden schwingen darf. Offiziell politisiert wird dagegen an der Westseite des Platzes im *Red House (1906), dem Parlamentsgebäude. Viel Raum für Freizeit, Kricket- oder Fußballspiel bietet die weite Grünfläche der Queen's Park Savannah.

Seltsame Blüten trieb zur letzten Jahrhundertwende die Stilfreude kolonialer Baumeister an den *Magnificent Seven (westlich der Savannah). Den besten Rundblick, bei klarer Sicht bis Venezuela, gewährt *Fort George (1805) vom westlichen Stadtrand.

Seite 93

Angostura, der Aromatic Bitter, der in keiner Cocktailbar fehlt, stammt aus Trinidads **Angostura Factory** (Führungen Di, Mi, Do 8.30 und 13 Uhr, Trinity Ave., Laventille, Port of Spain, Tel. 623-1841).

Die **Inselrundfahrt,** von Reisebüros als **Circle Island Tour** angeboten, dauert ca. 8 Std. und führt vorbei an Kokosplantagen, Lagunen, Palmenstränden und Ölraffinerien. Zu den Höhepunkten zählt der Bootsausflug im ***Caroni Bird Sanctuary,** wo Tausende von Wasservögeln in Mangrovensümpfen nisten. Besonders eindrucksvoll ist das sich allabendlich wiederholende Schauspiel der einfliegenden Schwärme Roter Ibisse *(Scarlet Ibis)*, der Wappentiere Trinidads. Weiter südlich (28 km) breitet sich der ***Asphaltsee (Pitch Lake)** von La Brea aus. Der 46,5 ha große und 40 m tiefe Schlammkessel ist weltweit der größte seiner Art.

In den Regenwäldern der Northern Range leben noch vereinzelt Ozelots, Brüllaffen und Ameisenbären. Im ***Asa Wright Nature Centre** bei Arima hat man auch die Chance, sie zu beobachten (Hotel/Touren, Tel. 667-4655; ❍❍). Die besten Badestrände an der Nordseite des Gebirgszuges heißen ***Maracas Bay** und ***Las Cuevas** Beach.

10–14 Philipps St., Port of Spain, Tel. 623-1932. Filiale am Flughafen.

Flughafen: Piarco, 26 km südöstlich von Port of Spain (Bus, Taxis). USA, Europa, Karibik, Südamerika.
Schiffsverbindungen: Tgl. Tobago.

Hilton, Port of Spain, Tel. 624-3211, Fax 624-4485.

Karibische Stimme aus der Distanz

Vidiadhar Surajprasad Naipaul, 1932 in Trinidad, geboren, galt seit Jahren als Kandidat für den Literaturnobelpreis. 2001 war es endlich so weit und er konnte die höchste Auszeichnung in seine Sammlung einreihen. In seinem Meisterwerk »Ein Haus für Mr. Biswas« (1961) erzählt Naipaul, Sohn eines Kontraktarbeiters aus Indien, die Geschichte des ewigen Außenseiters: Mr. Biswas wird »falsch herum« und mit sechs Fingern an einer Hand in das isolierte Milieu der indischen Einwanderer hineingeboren. Seine ärmliche Herkunft sowie Zwänge innerhalb der Hindu-Gesellschaft verstellen dem glücklosen Helden lange den Weg zum Lebensziel, dem Haus auf einem »eigenen Teil der Erde«. Wegen des epischen Umfangs der Familiensaga und Naipauls Vorliebe für Thomas Mann verglichen manche Kritiker den Roman mit den »Buddenbrooks«. Naipaul lebt heute in Südengland. Bezeichnend für ihn ist seine ebenso bildreiche wie präzise Sprache.

Seite 93

Die beste Adresse, an der Queen's Park Savannah. ❍❍❍

▮ **Alicia's Guesthouse,** 7 Coblentz Gardens, Port of Spain, Tel. Fax 623-2802, Fax 623-8560. Umgebaute Privatvilla in vornehmer Wohngegend. ❍❍

Tiki Village, Kapok Hotel, 16–18 Cotton Hill, St. Clair, Port of Spain, Tel. 622-5765. Kreolische Küche. ❍❍

▮ **Monsoon,** Tragarete Rd., Port of Spain, Tel. 628-7684. Indische Gerichte. ❍❍

Tobago

Immer haben Kreuzfahrtschiffe und die Fähre aus Trinidad die Hauptstadt **Scarborough** zum Ziel. Vom Hafen an der Rockly Bay zieht sich die Main Street steil eine Anhöhe hinauf. Der kleine, rechteckige James Park, flankiert vom früheren Parlamentsbau (House of Assembly), bildet den Kern des Ortes, in dem jeder noch jeden kennt. Auf dem höchsten Punkt thront *Fort King George (1779). Im früheren Garnisonsbau zeigt das gepflegte *Tobago Museum u. a. interessante Exponate aus der Kolonialzeit wie »Fracht«-Listen von Sklavenschiffen.

Das Touristenzentrum der Insel liegt im flachen, trockenen Süden an der Buccoo Bay. Ihr vorgelagert ist der geschützte, aber schon stark geschädigte Korallengarten des ***Buccoo Reef.** Noch ankern die Glasbodenboote nahe dem ****Nylon Pool,** wo das kristallklare Meer über einer Sandbank türkisfarben schimmert. Niemand, der Tobago besucht, darf den 2 km langen Sandstrand am ****Pigeon Point** auslassen. Das Palmenidyll (Restaurants, Kioske) ist in Privatbesitz, doch die Gebühr wert.

Perfekte Badeplätze umgeben auch das Städtchen **Plymouth** mit den Ruinen von Fort James. Südlich der Ortschaft, an der Great Courland Bay, ließen sich im 17. Jh. Siedler aus dem baltischen Kurland nieder. Die dortige Turtle Beach suchen von März bis August Meeresschildkröten zur Eiablage auf. Entlang der felsigen Südostküste führt die Windward Road in engen Kurven via Roxborough und Delaford in das hübsch gelegene ***Speyside.**

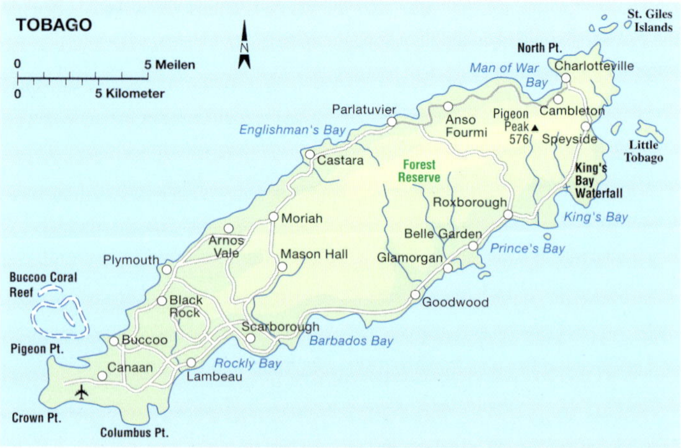

Fischerbarken setzen dort zum Vogelschutzgebiet ***Little Tobago** über. ***Charlotteville,** das Fischerdorf im Nordosten, schmiegt sich in malerischen Terrassen an grüne Hügel. Durch das Regenwaldgebiet führt die Straße bis Parlatuvier und zur herrlichen ***Englishman's Bay.**

i IDC Mall, Scarborough, Tel. 639-4333. Filiale am Flughafen.

Flughafen: Crown Point, südwestl. Scarborough (Busverbindungen, Taxis). Karibik, Frankfurt/M.
Schiffsverbindungen: Port of Spain, Trinidad.

Bed & Breakfast Ass., Tel. 669-2577.
- **Arnos Vale Hotel,** Plymouth, Tel. 639-2881, Fax 639-3251. Ehem. Great House in stiller Lage. ○○○
- **Mount Irvine Bay,** Tel. 639-8871, Fax 639-8800. Edle Anlage rund um alte Zuckermühle; Golfplatz. ○○○
- **Kariwak Village,** Crown Point, Tel. 639-8442, Fax 639-8441. Hübsche Bungalows in üppigem Garten. ○○
- **Crown Point Beach,** Tel. 639-8781, Fax 639-8731. Praktisches Urlaubsdomizil, beliebt bei Trinidadians. ○○
- **Richmond Great House,** Belle Graden, Tel./Fax 660-4467. Luftiges Plantagenhaus, Windward Road. ○○

Old Donkey Cart House, Bacolet St., Scarborough, Tel. 639-3551. Stimmungsvoll, kreolische Gerichte, europäische Weinkarte. Auch schöne Gästezimmer. ○○
- **Jemma's Seaview Kitchen,** Speyside, Tel. 660-4066. Einheimische Küche serviert in einem Baumhaus. ○○

Tipp Tauchen: **Manta Lodge, Speyside,** Tel. 660-4888, Fax 660-5030.

ABC-Inseln

Seite 96

Klein-Holland mit Sonnengarantie

Bunte Hausfassaden, bekrönt von schwungvollen Giebeldächern, zum Imbiss Edamer Käse und Amstel-Bier aus entsalztem Meerwasser: Viele alltägliche Details auf Aruba, Bonaire und Curaçao belegen die noch immer enge Verbindung mit den Niederlanden. An die Nordsee erinnern Klima und Strände freilich überhaupt nicht. In der ganzjährig trockenen Hitze 30 km vor der Küste Venezuelas glitzert schneeweißer Muschelsand, während das glasklare Meer Taucher und Badegäste gleichermaßen begeistert.

Geschichte, Gesellschaft

Die von den Arawak-Indianern bewohnten Inseln nahmen 1499 die Seefahrer Alonso de Ojeda und Amerigo Vespucci für Spanien in Besitz. 1636 gewannen die Niederländer die Oberhand. Eine tolerante Einwanderungspolitik zog bald Menschen aller Hautfarben und Religionen an, z. B. sephardische Juden sowie Moslems, Hindus und Christen aus aller Welt – daher auch die Sprachenvielfalt. Die Niederländischen Antillen wurden 1954 unabhängige Territorien innerhalb des Königreichs, Aruba genießt seit 1986 weitgehende Autonomie. Der hohe Lebensstandard basiert auf den Subventionen des Mutterlandes sowie auf den Erträgen aus dem Bankgewerbe und der Raffination venezolanischen Rohöls. Immer bedeutsamer werden die Einnahmen aus Spielkasinos und Fremdenverkehr.

Aruba

Seite 96

Landschaftliche Reize können es kaum sein, die jährlich über eine halbe Million Besucher nach Aruba locken. Die Insel ist staubtrocken, von Kakteen, Dornenbüschen, windgepeitschten Divi-Divi-Bäumen bewachsen; ihr höchster »Berg« misst keine 200 m. Die Tourismuswerbung bringt Arubas wahre Attraktionen auf den Punkt: *Sun, Fun and Sea* – Sonne, Spaß und Strand.

Die Hauptstadt ***Oranjestad** wurde im niederländisch-spanischen Kolonialstil erbaut und wirkt heute stellenweise wie ein Freilufteinkaufszentrum im Nostalgielook. Am Schonerhafen veranstalten venezolanische Gemüsehändler wochentags einen »schwimmenden Markt«.

Ein gute Auswahl an lokalem und südamerikanischem Kunsthandwerk bietet **Artesanía Arubiano,** L. G. Smith Blvd. (gegenüber Tamarijn Beach Hotel).

Nordwestlich von Oranjestad beginnt die Touristenmeile an den bis zu 150 m breiten, strahlend weißen Sandstränden ***Eagle Beach** und ****Palm Beach.** Zwischen den Palmen landeinwärts stehen Hochhaushotels mit glamourösen Ferienlandschaften und Heerscharen einarmiger Banditen in klimatisierten Hallen. Die holländische Windmühle – **Old Mill** – nahe dem Strand ist zwar ein Originalbau aus dem Jahr 1804, wurde aber erst 1961 als Blickfang nach Aruba verpflanzt. Vorbei am beliebten Windsurfer-Treff **Fisherman's Hut** reicht die Küstenstraße hin zum neuen 18-Loch-Golfplatz Tierra del Sol (Tel. 860 978) und den California Dunes am stürmischen Nordwestkap.

Glasbodenboot vor Arubas Küste

Etwa in der Inselmitte erhebt sich der 167 m hohe **Hooiberg** (»Heuberg«). Unweit davon türmen sich bei ***Ayó** tonnenschwere runde Felsblöcke mit arawakischen Steingravierungen. Ein hübsches Fotomotiv an der Nordostküste bietet die ***Natuurlijke Brug (Natural Bridge),** eine von der Brandung in den Korallenfels gemeißelte Naturbrücke.

L. G. Smith Blvd., Oranjestad, Tel. 823 777, Fax 834 702.

Flughafen: Reina Beatrix International, 5 km östl. Oranjestad (Taxis). Europa, USA, Venezuela, Karibik.

Hyatt Regency, Palm Beach, Tel. 861 234, Fax 861 682. Luxus in künstlicher Fantasykulisse. ○○○

▮ **Bucuti Beach,** Eagle Beach,

Seite 98

Tel. 831 100, Fax 825 271. Beliebtes Strandhotel, gutes Restaurant in inszeniertem Schiffswrack. ○○

Amsterdam Manor, Eagle Beach, Tel. 871 492, Fax 871 463. Kleineres Haus im holländischen Neokolonialstil. ○○

Gasparito, Gasparito 3, Oranjestad, Tel. 867 044. Fisch und Meeresfrüchte. Edel. ○○○

Mi Chushina, Noord Cura Cabai 24, Tel. 848 335. Leckere Inselküche. ○○

Kasinos und Nachtklubs in allen größeren Hotels. Diskos: **Cobalt Club,** Royal Mall. **Hit & Run Bar,** Sasakiweg (viele andere Klubs nebenan).

Tipp U-Boot-Ausflug mit **Atlantis Submarine,** Tel. 836 090.

Windsurfen: **Sailboard Vacation,** Malmok, Tel. 86 25 27, Fax 86 18 70. Ausrüstung, Unterkunft (○○).

Curaçao

****Willemstad** (150 000 Einw.), die blitzsaubere Inselhauptstadt und seit 1997 UNESCO-Weltkulturerbe, erstreckt sich beiderseits des Meeresarms Sint Annabaai. Geschlossene Reihen bunter Giebelhäuser erinnern an beiden Ufern stark an Alt-Amsterdam.

Tipp **Kunsthistorische Führungen** durch Willemstad jeden Do nachmittag. Anmeldung unter Tel. 461 35 54.

In Punda formen Händler aus Venezuela mit Lastkähnen einen ***Schwimmenden Markt,** auf dem sie ihre Waren – Fisch, Gemüse, Obst – direkt vom Schiffsdeck aus anbieten.

*Fort Amsterdam ist das älteste Bauwerk der Stadt. Als eines der ersten jüdischen Bethäuser der Neuen Welt wurde die *Mikvé-Israel-Emanuel-Synagoge im Jahre 1732 errichtet (mit Museum).

Östlich der Hauptstadt wurde die Küste zwischen Princess Beach Hotel und Oostpunt als ***Curaçao Underwater Park** unter Schutz gestellt. Schnorchel- und Tauchtrips veranstalten die meisten Hotels. An Land widmet sich der ***Christoffel National Park** dem Erhalt inseltypischer Flora und Fauna. Mehr als 100 Vogelarten nisten auf dem 18 km² großen, savannenartigen Terrain im Norden. Zum gefahrlosen Baden eignen sich die kleinen Strandbuchten (teilweise gebührenpflichtig) im Windschatten der Südküste, z. B. **Playa Jeremi** oder **Jan Thiel Baai.**

Pietermaai 19, Willemstad, Tel. 461 60 00, Fax 461 23 05.

Von Huis zu Huis

Landhuis – so nennt sich die niederländische Variante des Plantagenhauses. Etwa 85 solcher Bauten des 18./19. Jhs. sind auf Curaçao erhalten: Im ***Landhuis Chobolobo** (Tel. 461 46 88), am Schottegat, wird der teils gefärbte Curaçao-Likör aus den Schalen von Bitterorangen gebrannt. ***Brievengat** (Tel. 737 83 44) ist bekannt für seine Dinnershows freitags, ***Zeelandia** (Tel. 461 46 88) für Restaurant und Weinkeller. Ein besonders hübsch renoviertes Landhuis wurde als Taucherherberge wieder eröffnet: ***Landhuis Daniel,** Tel. 864 84 00. Voranmeldung immer empfohlen.

Seite 98

Flughafen: Hato Intl., 12 km von Willemstad (Busverbindungen, Taxis). USA, Europa, Karibik.

Princess Beach, M. L. King Blvd. 8, Tel. 736 78 88, Fax 461 41 31. Frisch renoviertes Strandresort, viel Sport. ○○○

Lion's Dive, Bapor Kibra, Tel. 461 81 00, Fax 465 78 26. Freundliche Mittelklasse, eigene Tauchbasis. ○○

Avila Beach, Penstraat 130, Tel. 461 43 77, Fax 461 14 93. In altem Gouverneurspalast. ○○

Bistro Le Clochard, Riffort, Tel. 462 56 66. Edel, feinste Küche. ○○○

Golden Star, Socratesstraat 2, Tel. 465 47 95. Bodenständig. ○

»Klein-Amsterdam«, Willemstad

Kasinos in den Hotels, Kneipen in Willemstad, z. B. **Tap maar in,** Sta. Rosaweg 27, Tel. 737 73 44; **Time Out,** Keukenplein 8, Tel. 737 83 44.

Disko: **Façade,** Lindberghweg 32.

Livemusik bieten die **Calypso Bar,** Pietermaai 25, und der **Mambo Beach Club.**

Seite 98

Im Bonaire Marine Park

Bonaire

Die größte Attraktion des kleinen Eilandes verbirgt sich unter der Meeresoberfläche: Der ****Bonaire Marine Park** (s. S. 27) gilt zu Recht als eines der vielseitigsten Tauchreviere der Welt. Die gesamten Küstengewässer und das unbewohnte Klein-Bonaire stehen unter Naturschutz. Im Hauptort **Kralendijk** (niederl.: Korallenriff; 1500 Einw.) sind das kleine Fort Oranje und der Fischmarkt die wesentlichen Besuchspunkte. Die Lagunen im Süden bewohnen Tausende rosafarbener Flamingos, die im ***Flamingo Sanctuary** geschützt werden.

i Kaya Simón Bolívar 12, Kralendijk, Tel. 83 22, Fax 84 08.

Flughafen: Flamingo International, 6 km südlich von Kralendijk (Taxis).

Harbour Village, Kralendijk, Tel. 75 00, Fax 75 07. Strandlage, Wassersportzentrum. ○○○

▮ **Captain Don's Habitat,** Kralendijk, Tel. 82 90, Fax 82 40. Tauchertreffpunkt mit allen Schikanen. ○○

ABC-Inseln

▮ **Steckbrief Aruba:** 193 km², 67 000 Einw.; Währung: Aruba Florin (Afl.).
▮ **Attraktionen/Sport/Unterhaltung:** Herrliche Strände, ausgezeichnete Hotels. ***Windsurfen, ***Baden, **Tauchen und Schnorcheln, **Fischen, **Nachtleben, *Golf, *Reiten.
▮ **Infos:** Postfach 12 04, 64333 Seeheim, Tel. (0 62 57) 96 29 21, Fax 96 29 19, www.aruba.de

▮ **Steckbrief Curaçao:** 444 km², 173 000 Einw.; Währung: Netherlands Antilles Guilder.
▮ **Attraktionen:** Holländische Kolonialarchitektur, kosmopolitische Atmosphäre.
Sport/Unterhaltung: **Tauchen und Schnorcheln, **Einkaufen, **Nachtleben, *Fischen, *Golf.
▮ **Infos:** Arnulfstr. 44, 80335 München, Tel. (0 89) 59 84 90, Fax 59 23 91, www.curacao-tourism.com

▮ **Steckbrief Bonaire:** 288 km², 11 500 Einw.; Währung: Netherlands Antilles Guilder.
▮ **Attraktionen/Sport:** Submariner Nationalpark, Flamingo-Reservat, erholsame Ruhe. ***Tauchen und Schnorcheln, *Baden.
▮ **Infos:** Dutch Caribbean Travel Center, Karlstr. 12, 60329 Frankfurt/M., Tel. (0 69) 2 40 01 83, Fax 24 27 15 21, www.bonaire.org

Sprachen: Papiamento, Niederländisch, Spanisch, Englisch (auf allen drei Inseln).

Infos von A–Z

Diplomatische Vertretungen

B: Botschaft, **GK:** Generalkonsulat, **HK:** Honorarkonsulat.

- **Deutschland: B:** 10 Waterloo Road, Kingston 10, Jamaika, Tel. 926 67 28, Fax 929 82 82. **B:** 7–9 Marli Street, Port of Spain, Trinidad, Tel. 628 16 30, Fax 628 52 78. **HK** in Antigua, Aruba, Barbados, Curaçao, Guadeloupe, Martinique, Puerto Rico, Nevis, St. Lucia, St. Vincent.
- **Österreich:** Übergeordnete Vertretung für den karibischen Raum: **B:** Av. La Estancia, Edif. Torre las Mercedes, Caracas, Venezuela, Tel. (0058-2) 991 38 63, Fax 993 27 53. **HK** in Jamaika, Puerto Rico, Trinidad.
- **Schweiz:** Für die karibischen Inseln zuständig: **B:** Av. Fco. de Miranda, Edif. Torre Europa, Campo Alegre, Caracas, Venezuela, Tel. (0058-2) 951 40 64, Fax 951 48 16. **HK** Puerto Rico, **GK** in Trinidad, Jamaika.

Einreise, Ausreise

Für französische und niederländische Gebiete benötigen EU-Bürger nur den Personalausweis. Überall sonst müssen der mindestens noch sechs Monate gültige Reisepass sowie ein Weiterflugticket vorgelegt werden. Auf Flügen werden bereits an Bord Einreiseformulare verteilt, deren Durchschlag bis zur Ausreise aufzubewahren ist. Bis 72 Std. zuvor sollte man die Reservierung des Heimfluges rückbestätigen lassen.

Elektrizität

In der Karibik kommen sämtliche Netzspannungen von 110 bis 230 V Wechselstrom vor. Auch die Stromfrequenz schwankt von Insel zu Insel. Hotels gehobener Kategorie haben im Allgemeinen Adapter.

Fotografieren

Speziell schwarze Antillianer reagieren auf fotowütige Touristen häufig unwirsch bis aggressiv. Um Streit zu vermeiden, sollte man Personen prinzipiell um Erlaubnis bitten. – Diafilme sind nicht überall problemlos erhältlich.

Geld und Währung

US $ in bar oder als Reiseschecks (möglichst kleinere Einheiten!) werden überall gerne angenommen, auf den französischen Inseln auch Euro bzw. die ec-Karte. Die jeweilige Landeswährung (s. »Inselsteckbriefe«) sollte erst vor Ort in Banken getauscht werden. Kreditkarten genießen weite Akzeptanz.

Gesundheit

Um Magen- und Darmproblemen vorzubeugen, meidet man am besten Leitungswasser und ungewaschenes Obst. Viele Ärzte empfehlen eine Hepatitis-A-Vorsorge. Die Intensität der Sonne darf nicht unterschätzt werden; auch bei bewölktem Himmel ist Sonnenschutz Pflicht. AIDS ist auf allen Inseln verbreitet. Englisch- oder deutschsprachige Ärzte können Hotelrezeptionen und die großen Fluglinien vermitteln. Sandflöhe und Moskitos können lästig fallen, gegen Letztere hilft eine Einreibung mit Gin (äußerlich, nicht für Kinder!) oder Hautöl mit Citronella.

Information

Adressen in Europa s. »Inselsteckbriefe«. Verkehrsämter legen oft kostenlose Gästezeitungen mit aktuellen Veranstaltungstipps in Hotels aus. Über das Kulturgeschehen informieren auch Tagespresse und örtliche Radiosender.

Kleidung

In Hotels gehobener Klasse und auf Kreuzfahrtschiffen wird zum Abendessen gepflegte Kleidung erwartet, bei Männern aber nur selten eine Krawatte. Badetextilien sind im Stadtbild tabu, ebenso »nackte Tatsachen« am Strand (Ausnahme: FKK-Strände der Französischen Antillen). Für Bergregionen und klimatisierte Räume sollte man einen Pullover oder eine leichte Jacke einpacken.

Post

Luftpostbriefe und -postkarten nach Europa sind zwischen 4 und 14 Tagen unterwegs. Über das Porto informieren Postämter und Hotels.

Sicherheit

Vernünftiges Verhalten vorausgesetzt, kann die Karibik allgemein als sichere Reiseregion gelten. Vorsicht ist in Großstädten wie Kingston oder San Juan angebracht.

Souvenirs

Mitbringsel sind z. B. Korbwaren, Batiktextilien, Modeschmuck oder Tierfiguren aus Leichtholz. In Jamaika und Puerto Rico lohnt sich der Kauf einheimischer Kaffeesorten, auf Grenada von Gewürzen. CDs/Kassetten mit Reggae-, Salsa- oder Calypsorhythmen werden in Andenkenläden oder Fachgeschäften angeboten, sind aber teils sehr teuer. Der hervorragende Rum Westindiens hält in puncto Qualität und Aroma Vergleichen mit bestem Kognak stand.

Nach dem Washingtoner Artenschutzabkommen ist der Handel sowie in fast allen Ländern die Einfuhr von Schildpatt, Schwarzer Koralle, Fechterschnecken (engl. *conch*) und von Produkten daraus verboten.

Telefon

Das Netz der meisten Inseln funktioniert ausgezeichnet. Von vielen öffentlichen Apparaten sind direkte Überseegespräche mit Magnetkarten möglich. Auf den Kleinen Antillen erteilen die Filialen der überregionalen Telefongesellschaft *Cable & Wireless* Auskünfte zu den Gebühren. Vom Hotelzimmer aus sind Gespräche teuer; manchmal werden schon bei längerem Klingeln Gebühren fällig; an der Rezeption fragen! **Vorwahlen:** Deutschland 011–49, Österreich 011–43, Schweiz 011–41; teilweise statt 011 auch 00.

Trinkgeld

Viele Serviceangestellte leben in der Karibik von Trinkgeldern. Restaurants und Hotels addieren meist automatisch 10–15 % als Bedienungsgeld zum Rechnungsbetrag. Es ist üblich, weitere 5 % als *tip* zu geben. Kofferträger und Zimmermädchen erhalten etwa 1 US $ pro Gepäckstück bzw. pro Zimmer und Nacht. Taxitarife rundet man bei Zufriedenheit auf.

Versicherungen

Der Abschluss eines Auslandskrankenschutzes ist unverzichtbar. Arztrechnungen müssen bar beglichen werden, die Versicherungen erstatten die Kosten zu Hause gegen Vorlage der Quittungen. Wer mit Wertsachen reist, sollte eine Gepäckversicherung erwägen.

Zeit

Der Zeitunterschied zur MEZ beträgt auf den beschriebenen Inseln im Winter minus 5, während mitteleuropäischer Sommerzeit minus 6 Stunden.

Zoll

Karibische Zollämter gestatten die Einfuhr von Gegenständen des persönlichen Gebrauchs ohne Beschränkung sowie von 200 Zigaretten und 0,7 l Spirituosen. Über die unterschiedlichen Bestimmungen in Europa informieren die zuständigen Behörden.

Langenscheidt Mini-Dolmetscher Englisch

Allgemeines

Guten Morgen.	Good morning. [gud **moh**ning]
Guten Tag. (nachmittags)	Good afternoon. [gud after**nuhn**]
Hallo!	Hello! [häl**loh**]
Wie geht's?	How are you? [hau **ah**‿ju]
Danke, gut.	Fine, thank you. [**fain, θänk**‿ju]
Ich heiße ...	My name is ... [mai **nehm**‿is]
Auf Wiedersehen.	Goodbye. [gud**bai**]
Morgen	morning [**moh**ning]
Nachmittag	afternoon [after**nuhn**]
Abend	evening [**ihw**ning]
Nacht	night [nait]
morgen	tomorrow [tu**morr**oh]
heute	today [tu**deh**]
gestern	yesterday [**jes**terdeh]
Sprechen Sie Deutsch?	Do you speak German? [du‿ju spihk **dsehöh**mən]
Wie bitte?	Pardon? [**pah**dn]
Ich verstehe nicht.	I don't understand. [ai **dohnt** ander**ständ**]
Würden Sie das bitte wiederholen?	Would you repeat that please? [wud‿ju ri**piht** ðät, **plihs**]
Langsamer bitte!	Could you speak a bit more slowly, please? [kud‿ju spihk‿ə bit moh **slou**li **plihs**]
bitte	please [**plihs**]
danke	thank you [**θänk**‿ju]
Keine Ursache.	You're welcome. [joh **wäll**kamm]
was / wer / welcher	what / who / which [wott / huh / witsch]
wo / wohin	where [wäə]
wie / wie viel	how / how much [hau / hau **matsch**]
wann / wie lange	when / how long [wänn / hau **long**]
warum	why [wai]
Wie heißt das?	What is this called? [**wott**‿is ðis **kohld**]
Wo ist ...?	Where is ...? [**wäər**‿is ...]
Können Sie mir helfen?	Can you help me? [kän‿ju **hälp**‿mi]
ja	yes [jäss]
nein	no [noh]
Entschuldigen Sie.	Excuse me. [iks**kjuhs** mi]
rechts	on the right [on ðə reit]
links	on the left [on ðə left]

Sightseeing

Gibt es hier eine Touristeninformation?	Is there a tourist information? [is‿ðər‿ə **tu**ərist infəmehschn]
Haben Sie einen Stadtplan / ein Hotelverzeichnis?	Do you have a city map / a hotel guide? [du‿ju häw‿ə **ßi**ti mäpp / hoh**täll** gaid]
Welche Sehenswürdigkeiten gibt es hier?	What are the local sights? [**wott**‿ə ðə **loh**kl **ßaits**]
Wann ist ... geöffnet?	When are the opening hours of ...? [**wänn**‿ah ði **ohp**ning auers əw ...]
das Museum	the museum [ðə mju**sih**əm]
die Kirche	the church [ðə **tschöh**tsch]
die Ausstellung	the exhibition [ði egsi**bischn**]
Wegen Restaurierung geschlossen.	Closed for restoration. [k**lohsd** fə rästə**rehschn**]

Shopping

Wo gibt es ...?	Where can I find ...? [wäə kən‿ai **faind** ...]
Wie viel kostet das?	How much is this? [**hau**‿matsch **is**‿ðis]
Das ist zu teuer.	This is too expensive. [ðis‿is **tuh** iks**pänn**ßiw]
Das gefällt mir (nicht).	I like it. / I don't like it. [ai **laik**‿it / ai **dohnt laik**‿it]
Gibt es das in einer anderen Farbe / Größe?	Do you have this in a different colour / size? [du‿ju **häw**‿ðis in‿ə **diff**rənt **kall**er / **ßais**]
Ich nehme es.	I'll take it. [ail **tehk**‿it]
Wo ist eine Bank / ein Geldautomat?	Where is a bank / a cash dispenser? [**wäər**‿is ə‿**bänk** / ‿ə **käsch** dispännser]
Geben Sie mir 100 g Käse / zwei Kilo ...	Could I have a hundred grams of cheese / two kilograms of ... [kud‿ai häw‿ə **hann**drəd grämms‿əw **tschihs** / **tuh kill**əgrämms‿əw ...]
Haben Sie deutsche Zeitungen?	Do you have German newspapers? [du‿ju häw **dsehöh**mən **njuhs**pehpers]
Wo kann ich telefonieren / eine Telefonkarte kaufen?	Where can I make a phone call / buy a phone card? [**wäə** kən‿ai mehk‿ə **fohn**‿kohl / bai‿ə **fohn**‿kahd]

Notfälle

Ich brauche einen Arzt / Zahnarzt.	I need a doctor / a dentist. [ai **nihd**‿ə **dock**ter / ə **dänn**tist]
Rufen Sie bitte einen Krankenwagen / die Polizei.	Please call an ambulance / the police. [**plihs** kohl ən‿**ämm**bjuləns / ðə pə**lihs**]
Wir hatten einen Unfall.	We've had an accident. [wihw **häd** ən‿**äck**ßidənt]
Wo ist das nächste Polizeirevier?	Where is the nearest police station? [**wäər**‿is ðə **niə**rəst pə**lihs** stehschn]
Ich bin bestohlen worden.	I have been robbed. [ai həw bihn **robbd**]
Mein Auto ist aufgebrochen worden.	My car has been broken into. [mai **kah** həs bihn **broh**kən **inn**tu]

Essen und Trinken

Die Speisekarte, bitte.	The menu please. [ðə **männ**ju plihs]
Brot	bread [bräd]
Kaffee	coffee [**koff**i]
Tee	tea [tih]
mit Milch / Zucker	with milk / sugar [wið‿**milk** / **schugg**er]
Orangensaft	orange juice [**orr**əndsch‿dschuhs]
Mehr Kaffee, bitte.	Some more coffee please. [ßəm‿moh **koff**i plihs]
Suppe	soup [ßuhp]
Fisch	fish [fisch]
Fleisch	meat [miht]
Geflügel	poultry [**pohl**tri]
Beilage	sidedish [**ßaid**disch]
vegetarische Gerichte	vegetarian food [wädschə**tär**iən fud]
Eier	eggs [ägs]
Salat	salad [**ßäl**əd]
Dessert	dessert [di**söht**]
Obst	fruit [fruht]
Eis	ice cream [ais **krihm**]
Wein	wine [wain]
weiß / rot / rosé	white / red / rosé [wait / räd / **roh**seh]
Bier	beer [**bi**ə]
Aperitif	aperitif [ə**pärr**ətihf]
Wasser	water [**woh**ter]
Mineralwasser	mineral water [**minn**rəl wohter]
mit / ohne Kohlensäure	sparkling / still [**spah**kling / still]
Limonade	lemonade [lämmə**nehd**]
Frühstück	breakfast [**bräck**fəst]
Mittagessen	lunch [lanntsch]
Abendessen	dinner [**dinn**er]
ein Imbiss	a snack [ə‿**ßnäck**]
Ich möchte bezahlen.	I would like to pay. [ai‿wud **laik**‿tə **peh**]
Es war sehr gut / nicht so gut.	It was very good / not so good. [it‿wəs **wärri gud** / **nott**‿ßoh **gud**]

Im Hotel

Ich suche ein gutes / ein nicht zu teures Hotel.	I am looking for a good / not too expensive hotel. [aim **luck**ing fər‿ə **gud** / **nott** tu ick**spänn**ßiw hoh**täll**]
Ich habe ein Zimmer reserviert.	I have booked a room. [ai həw **buckt** ə **ruhm**]
Ich suche ein Zimmer für ... Personen.	I am looking for a room for ... persons. [aim **luck**ing fər‿ə **ruhm** fə ... **pöh**ßns]
Mit Dusche und Toilette.	With shower and toilet. [wið **schau**ər‿ənd **toi**lət]
Mit Balkon / Blick aufs Meer.	With a balcony / overlooking the sea. [wið‿ə **bäl**kəni / **oh**werlucking ðə **ßih**]
Wie viel kostet das Zimmer pro Nacht?	How much is the room per night? [**hau**‿matsch is ðə ruhm pə‿**nait**]
Mit Frühstück?	Including breakfast? [in**kluh**ding **bräck**fəst]
Kann ich das Zimmer sehen?	Can I see the room? [kən‿ai **ßih** ðə ruhm]
Haben Sie ein anderes Zimmer?	Do you have another room? [du‿ju **häw** ə**nað**er ruhm]
Das Zimmer gefällt mir (nicht).	I like the room. / I don't like the room. [ai **laick** ðə ruhm / ai **dohnt laick** ðə ruhm]
Kann ich mit Kreditkarte bezahlen?	Do you accept credit cards? [du‿ju əck**ßäppt krä**dit‿kahds]
Wo kann ich parken?	Where can I park the car? [**wäə** kən‿ai **pahk** ðə **kah**]
Können Sie das Gepäck in mein Zimmer bringen?	Could you bring the luggage to my room? [kud‿ju **bring** ðə **lagg**idsch tə‿mai **ruhm**]
Haben Sie einen Platz für ein Zelt / einen Wohnwagen / ein Wohnmobil?	Is there room for a tent / a caravan / a camper? [is‿ðə **ruhm** fər‿ə **tänt** / ə **kär**əwən / ə **kämp**er]
Wir brauchen Strom / Wasser.	We need electricity / water. [wi **nihd** iläck**triss**əti / **woh**ter]

Orts- und Sachregister

ABC-Inseln 12, 15, 16, 17, 24, 95 ff.; s. a. Aruba, Bonaire, Curaçao
Anguilla 13, 18, 55 f.
Antigua 22, 64 ff.
- Betty's Hope Plantation 65
- Darkwood Beach 66
- English Harbour 66
- Jolly Beach 66
- Nelson's Dockyard N. P. 66
- Parham 65
- St. John's 64 f.

Architektur 21, 97
Aruba 12, 18, 22, 26, 95, 96 f., 99
- Eagle Beach 96
- Old Mill 96
- Oranjestad 96
- Palm Beach 96

Barbados 13, 15, 17, 20, 24, 27, 86 ff.
- Andromeda Gardens 89
- Animal Flower Cave 90
- Barbados Wildlife Reserve 90
- Bridgetown 86ff.
- Crane Beach 88
- Farley Hill N. P. 90
- Harrison's Cave 91
- Holetown 89
- Oistins 88
- Platinum Coast 89
- Saint Lawrence Gap 88, 91
- Saint Lucy 90
- Sam Lord's Castle 88, 89
- Speightstown 89
- Sunbury Plantation House 88
- Welchman Hall Gully 90 f.

Barbuda 13, 64, 66 f.
Bonaire 12, 13, 15, 99
- Bonaire Marine Park 27, 99
- Flamingo Sanctuary 99
- Kralendijk 99

British Virgin Islands 18, 49, 53ff.
- Anegada 54
- Jost van Dyke 54
- Norman Island 54
- Peter Island 54
- Roadtown 53
- The Baths 55
- Tortola 53 f.
- Virgin Gorda 54 f.

Calypso 21
Camping 26
Curaçao 12, 15, 17, 20, 97 f.
- Christoffel N. P. 87
- Curaçao Underwater Park 97
- Willemstad 97

Dominica 12, 14, 15, 16, 19, 22, 25, 27, 74 ff.
- Boiling Lake 75
- Cabrits N. P. 75
- Carib Territory 75, 76
- Morne Trois Pitons N. P. 75
- Portsmouth 75
- Roseau 74
- Soufrière Marine Reserve 77
- Trafalgar Falls 74

Fahrradfahren 27
Feste und Veranstaltungen 22
Flora und Fauna 15 f.

Golf 27
Greater Antilles 12, 18
Grenada 19, 20, 22, 82 ff.
- Concord Falls 83 f.
- Grand Anse Bay 83
- Grand Etang Forest Reserve 84
- Grenada Cooperative Nutmeg Association 84
- Grenville 84
- L'Anse aux Épines 83
- St. George's 83

Grenadinen 80 ff.
- Bequia 82
- Canouan 82
- Carriacou 85
- Grenada s. dort
- Mustique 85
- St. Vincent s. dort
- Union Island 82

Große Antillen s. Greater Antilles
Guadeloupe 12, 15, 20, 22, 25, 27, 57, 68 ff., 71
- Basse-Terre 68
- Chutes du Carbet 68
- Grande-Terre 68
- Îles Les Saintes 70
- Îlet Pigeon 70
- La Soufrière, Vulkan 68
- Marie Galante, Insel 70
- Parc Naturel de la Guadeloupe 68
- Pointe-à-Pitre 68
- Route de la Traversée 68
- Saint-Sauveur 68
- Trois Rivières 68

Hurrikane 14

Jamaika 15, 19, 20, 22, 25, 27, 30 ff.
- Black River Safari 36
- Blue Lagoon 35
- Blue Mountains 34, 40
- Bob Marley Museum 38
- Cockpit Country 32
- Dunn's River Falls 33, 34
- Falmouth 32
- Fern Gully 33
- Good Hope Great House 32
- Gordon Town 40
- Guava Ridge 40
- Hollywell Park 40
- Irishtown 40
- Kingston 37 ff.
- Lime Cay 39
- Mandeville 37
- Montego Bay 28
- Navy Island 34
- Negril 36
- Ocho Rios 33 f.
- Port Antonio 34 f.
- Reach Falls 35
- Rio Grande River Rafting 35
- Rose Hall Great House 32
- Silver Hill 40
- Spanish Town 37
- Ys-Falls 36 f.

Kaffeeplantagen 40, 68
Karneval 8 f., 22, 92
Kleine Antillen s. Lesser Antilles
Klima 13 f.
Korallenriffe 15
Küche 23 ff.

Landhuis 97
Leeward Islands 12, 26, 55 ff.; s. Anguilla, Montserrat, Nevis, Saba, Saint-Barthélemy, Sint Eustatius, St. Kitts, St. Martin
Lesser Antilles 12, 13
Literatur 21 f.

Malerei 21
Marigot 54
Martinique 13, 20, 22, 25, 27, 71ff.
- Bananenmuseum
- Caravelle, Halbinsel 72
- Domaine de la Pagerie 71
- Fond Capot 72
- Fort-de-France 71
- Grande Anse des Salines 71
- Le Marin 71

- Le Vauclin 71
- Morne Rouge 72
- Saint-Pierre 72
- Sainte-Marie 72
- Savane des Petrifications 71
- Trois Îlets 71

Meeresschildkröten 16, 94
Mietwagen 29
Montserrat 22, 55, 63
Musik 22 f.
Muskatnüsse 82, 84

Nevis 19, 22, 27, 55, 62 f.
- Charlestown 62 f.
- Nelson Museum 63

Puerto Rico 15, 17, 19, 20, 21, 22, 25, 27, 41 ff.
- Arecibo 48
- Bahía Fosforeszente 47
- Boquerón 47
- Cabo Rojo 47
- El Luquillo 48
- El Yunque N. P. 46
- Hacienda Buena Vista 47
- La Coca 46
- Loíza Aldea 46
- Mayagüez 48
- Parque Ceremonial Indígena Caguana 48
- Playa Torrecillas 46
- Ponce 46f.
- Punta Higüero 48
- Rio Camuy Cave Park 48
- Ruta Panorámica 48
- San Juan 42 ff.
- Toro Negro, Reserva Forestal 48

Rastafari 17, 23, 39
Reggae 22, 23, 30, 38
Reiten 27
Religion 17
Rum 18, 24, 52, 69, 72, 91

Saba 15, 55, 59f.
- Mount Scenery 59
- Saba Marine Park 59 f.
- The Bottom 59
- Windwardside 59

Saint-Barthélemy 55, 58 f.
- Corossol 58
- Gustavia 58 f.

Saint Kitts 19, 20, 22, 55, 61 f.
Saint Lucia 22, 77 ff.
- Castries 77
- Choiseul 78
- Diamond Gardens 78
- Laborie 78
- Moule à Chique 79
- Pigeon Island 78
- Rodney Bay 78
- Soufrière 78
- Vieux Fort 79

Saint-Martin 22, 55, 57 f.; s. a. Sint Maarten
- Cole Bay Hill 57
- Philipsburg 57 f.

Saint Vincent 16, 22, 80 ff.
- Kingstown 80f.
- La Soufrière 81
- Mesopotamia Valley 81
- Parrots Lookout 81
- Steingravierungen 81

Salsa 23
Segeln 6f., 26
Sint Eustatius (Statia) 27, 55, 60 f.
- Oranjestad 60
- The Quill 60

Sint Maarten 57 f.; s. a. St-Martin
Souvenirs 101
Sprache 16
Statia s. Sint Eustatius

Tanz 22 f.
Tauchen 27
The Bottom 59
The Valley 52
Tobago 13, 27, 92, 94 f.
- Charlotteville 95
- Englishman's Bay 95
- Little Tobago 95
- Pigeon Point 94
- Plymouth 94
- Scarborough 94
- Speyside 94
- Turtle Beach 94

Trinidad 12, 17, 18, 22, 25, 92 ff.
- Asphaltsee 93
- Asa Wright Nature Centre 93
- Port of Spain 92f.
- Caroni Bird Sanctuary 93

Unterkunft 10 f., 25 f.
US Virgin Islands 22, 49 ff.
- Buck Island 51
- Charlotte Amalie 49 f.
- Christiansted 51
- Coral World 50
- Frederiksted 51
- St. Croix 15, 49, 51 f.
- St. John 49, 52 f.
- St. Thomas 20, 49 f.

Virgin Islands 12, 19, 20, 27, 49 ff.; s. a. British Virgin Islands, US Virgin Islands
Volkskunst 21
Voodoo 17

Walfang 82
Wandern 26
Windsurfen 26
Windward Islands 12, 74 ff.; s. a. Dominica, Grenada, Grenadinen, Saint Lucia, Saint Vincent

Personenregister

Arawaken 10, 30, 51, 95, 96

Blackbeard (eigtl. Edward Teach) 49, 50
Bligh, William 25, 80

Casals, Pablo 42
Castro, Fidel 20
Cliff, Jimmy 23
Cousteau, Jacques 70

Drake, Sir Francis 41, 50

Fanon, Frantz O. 21
Flynn, Errol 34, 35

Garvey, Marcus 32
Gauguin, Paul 72

Hamilton, Alexander 62

Kariben 19, 51, 67, 76, 77, 80, 84
Kolumbus, Christoph 19, 30, 32, 41, 49, 64, 67, 74, 92

Labat, Jean-Baptiste 21, 72
Las Casas, Bartolomé de 21
Lord, Samuel Hall 88
Louverture, Toussaint 20

Manley, Edna 37
Marley, Bob 23, 30, 33, 38, 39
Maroons 30, 32
Morgan, Henry 30
Murillo, Bartolomé 47

Naipaul, V. S. 21, 93
Nelson, Horatio Lord 63, 66

Ojeda, Alonso de 19, 95

Palmer, Annie 32
Ponce de Léon, Juan 41, 42, 44

Reagan, Ronald 20
Rodin, Auguste 47

Saint-John Perse 68
Schoelcher, Victor 71
Shirley, Thomas 66
Stevenson, Robert Louis 54
Stuyvesant, Peter 20

Vespucci, Amerigo 19, 95

Walcott, Derek 22, 78
Williams, Eric 92

Zeichenerklärung

Unsere Preissymbole bedeuten:

Hotel (DZ):		
	❍❍❍	ab 150 US $
	❍❍	70–150 US $
	❍	bis 70 US $

Restaurant (Menü ohne Getränke):

❍❍❍	ab 40 US $
❍❍	20–40 US $
❍	unter 20 US $

Polyglott im Internet: www.polyglott.de,
im Shell GeoStar unter www.ShellGeoStar.com,
in Beyoo unter www.beyoo.com,
im Travel Channel unter www.travelchannel.de

Alle Informationen stammen aus zuverlässigen Quellen und wurden sorgfältig geprüft. Für ihre Vollständigkeit und Richtigkeit können wir jedoch keine Haftung übernehmen.
Ergänzende Anregungen bitten wir zu richten an:
Polyglott Verlag, Redaktion, Postfach 40 11 20, 80711 München.
E-Mail: redaktion@polyglott.de

Impressum

Herausgeber: Polyglott-Redaktion
Autor: Robert Möginger
Lektorat: Gertraud M. Trox
Layout: Ute Weber, Geretsried
Karten und Pläne: Gundula Hövelmann
Titeldesign-Konzept: Independent Medien-Design
Satz: Tim Schulz, Dagebüll
Satz Special: Carmen Marchwinski, München

Erste Auflage 2002

Printed in Germany
ISBN 3-493-58819-4
Dieses Buch wurde auf chlorfrei gebleichtem Papier gedruckt.

Die wichtigsten Sehenswürdigkeiten auf einen Blick

Das unverwechselbare Polyglott-Sternchensystem dient einer ausgewogenen Bewertung aller Sehenswürdigkeiten. Es soll Ihnen die Wahl und die Zusammenstellung Ihrer Reiseroute erleichtern.

*** eine eigene Reise wert
** einen Umweg wert
* sehr sehenswert

Jamaika

** Dunn's River Falls (S. 34)
** Rio Grande River Rafting (S. 35)
** Negril Beach (S. 36)
** Bob Marley Museum (S. 38)
** Blue Mountains (S. 40)

Puerto Rico

*** Altstadt von **San Juan (S. 42)
** Nationalpark El Yunque (S. 46)
** Ponce (S. 46)
** Ruta Panorámica (S. 48)
** Luquillo Beach (S. 48)

** Coral World, St. Thomas (S. 50)
** The Baths, Virgin Gorda (S. 55)
** Shoal Bay, Anguilla (S. 56)
** Anse d. Flamands, St-Barts (S. 58)
** Saba Marine Park, Saba (S. 59)
** Brimstone Hill Fortress, St. Kitts (S. 61)
** English Harbour, Antigua (S. 66)
** Parc Naturel, Guadeloupe (S. 68)
** Route de la Trace, Mart. (S. 72)
** Carib Territory, Dominica (S. 76)
** Soufrière, St. Lucia (S. 78)
** Bequia und Union Island (S. 82)
** St. George's, Grenada (S. 83)
** St. Nicholas Abbey und Welchman Hall Gully, Barbados (S. 90)
** Buccoo Reef, Tobago (S. 94)
** Palm Beach, Aruba (S. 96)
** Willemstad, Curaçao (S. 97)
** Bonaire Marine Park (S. 99)

Der Autor

Robert Möginger

war nach dem Studium im Management eines Touristikunternehmens tätig. Als freier Autor und Reisejournalist spezialisiert er sich heute auf die Karibik, Lateinamerika und Spanien. Seine ausgezeichneten Gebietskenntnisse setzte er auch bei der Mitarbeit am APA Guide Karibik ein.